Marc

LITERATHEK

Herausgegeben von Florian Radvan und Anne Steiner

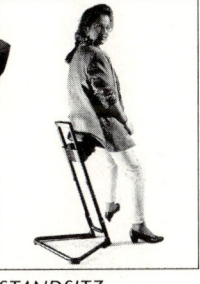

E. T. A. Hoffmann

Der goldne Topf

Ein Märchen aus der neuen Zeit

Bearbeitet von Reinhard Lindenhahn
und Peter Merkel

Literathek

E. T. A. Hoffmann **Der goldne Topf. Ein Märchen aus der neuen Zeit**

Der Text wurde unter Beibehaltung der Charakteristika von Hoffmanns Schreibweise behutsam an die Regeln der reformierten Rechtschreibung angepasst.

Redaktion Christine Hehle, Wien

Layout und technische Umsetzung Annika Preyhs für Buchgestaltung +, Berlin

Umschlaggestaltung und -illustration HOX designgroup, Kay Bach, Köln

Umschlaglayout Corinna Babylon, Berlin

Bildquellen E. T. A. Hoffmann (Selbstporträt) All Mauritius Images (S. 6)
E. T. A. Hoffmann (Selbstporträt als Gichtkranker, 1816) bpk-images (S. 135)
J. Callot: Die Versuchung des Heiligen Antonius (Radierung, 1635) bpk-images (S. 137)

www.cornelsen.de

Die Webseiten Dritter, deren Internetadressen in diesem Lehrwerk angegeben sind, wurden vor Drucklegung sorgfältig geprüft. Der Verlag übernimmt keine Gewähr für die Aktualität und den Inhalt dieser Seiten oder solcher, die mit ihnen verlinkt sind.

1. Auflage, 1. Druck 2016

Alle Drucke dieser Auflage sind inhaltlich unverändert und können im Unterricht nebeneinander verwendet werden.

Druck: Beltz Bad Langensalza GmbH

ISBN 978-3-06-067492-3

PEFC zertifiziert
Dieses Produkt stammt aus nachhaltig
bewirtschafteten Wäldern und kontrollierten
Quellen.
www.pefc.de
PEFC/04-31-2257

Inhalt

Kurzbiografie

E. T. A. Hoffmann

Nach der eigenen Zeichnung Hoffmann's.

Ernst Theodor Wilhelm Hoffmann (der sich später als Zeichen seiner Verehrung für Mozart »Amadeus« nannte) kam am 24. Januar 1776 in Königsberg (Ostpreußen; heute Kaliningrad, Russland) zur Welt. Seine Eltern verkörperten die Extreme, die er später in seiner Persönlichkeit vereinen würde und die ihn zerrieben oder letztlich sogar zerrissen: Seine Mutter, die aus einer angesehenen Königsberger Juristenfamilie stammte, war eine Ordnungsfanatikerin, dabei psychisch labil und zu Depressionen neigend, sein Vater ein origineller Mann, ein angesehener Kriminalrat und Justizkommissar – und Alkoholiker. Schon zwei Jahre nach der Geburt des kleinen Ernst (so war sein Rufname) verließ sein Vater zusammen mit dem ältesten Sohn die Familie (der mittlere Bruder war schon gestorben) und Ernst Theodor Wilhelm zog mit der Mutter ins Haus der Großmutter, wo auch drei erwachsene unverheiratete Geschwister der Mutter lebten. Der Onkel, ein beruflich gescheiterter, frühpensionierter Justizrat, der seine Langeweile mit Hilfe eines pedantisch regulierten Tagesablaufs zu bekämpfen versuchte, wurde für Hoffmann zum Inbegriff des verachteten engstirnigen ›Philisters‹. Der Ordnungstrieb der Mutter und die preußische Disziplin des Onkels bewirkten einen Rückzug des Jungen in den Traum und die Fantasie. Hoffmann entwickelte einen sehr sensiblen Sinn für das Lächerliche, das Groteske, Bizarre und Skurrile, das er in seiner Umgebung beobachtete. Zwei wesentliche Stützen halfen ihm, die Zeit im Haus des pedantischen Onkels zu überstehen: sein treuer Schulfreund Theodor Gottlieb Hippel und seine künstlerische und musikalische Begabung. Schon mit dreizehn begann er zu komponieren, mit achtzehn gab er Klavierunterricht und daneben war er ein sehr begabter Zeichner mit einer Vorliebe für die Karikatur.

Mit sechzehn Jahren begann Hoffmann ein Jurastudium an der Universität Königsberg, das ihm keine rechte Freude machte. Dennoch legte er bereits 1795 sein erstes juristisches Examen ab und erhielt anschließend seine erste Anstellung am Obergericht in Königsberg. Nach einer kurzen, aber heftigen Liebesaffäre mit seiner Musikschülerin Dora Hatt, einer zehn Jahre älteren verheirateten Frau, ließ er sich 1796 an die Oberamtsregierung in Glogau (Schlesien; heute Głogów, Polen) versetzen. Er wohnte dort bei der Familie eines weiteren Onkels, mit dessen Tochter Minna er sich 1798 verlobte. Im gleichen Jahr bestand er sein zweites Examen als Gerichtsreferendar mit Auszeichnung und erhielt eine Stelle als Referendar am Kammergericht in Berlin, wo er seine Tätigkeit engagiert und überaus gewissenhaft ausübte. Als Ausgleich zu seinem Beruf widmete er sich intensiv der Oper, dem Theater und der Literatur. Er fand Kontakt zu Künstlerkreisen, schrieb Rezensionen, zeichnete und musizierte.

Nach seinem dritten Examen 1800 wurde er als Assessor nach Posen (heute Poznań, Polen) versetzt, das bei der zweiten Teilung Polens 1793 an Preußen gefallen war und unter preußischen Beamten als langweilige, kulturlose Militärstadt galt. Nach seiner Promotion 1802 löste Hoffmann seine Verlobung mit Minna Dörffer und heiratete die Polin Maria Thekla Michelina Rorer, genannt »Mischa«, mit der er schon seit geraumer Zeit unverheiratet zusammengelebt hatte. Die Ehe sollte bis zu Hoffmanns Tod halten.

Im gleichen Jahr, 1802, wurde Hoffmanns Neigung, die lächerliche oder verächtliche Seite des Lebens und die Spießigkeit seiner Zeitgenossen spöttisch zu kommentieren, ihm erstmals zum Verhängnis: Er karikierte einflussreiche Posener

Bürger und enthüllte ihre Schwächen und die Intrigen, in die sie verwickelt waren. Daraufhin wurde er in die Kleinstadt Plock versetzt (heute Płock, im Zentrum des heutigen Polen, nordwestlich von Warschau), wo er sich wie in der Verbannung fühlte. Spätestens jetzt begann E. T. A. Hoffmanns Doppelleben: einerseits als pflichtbewusster Beamter und ausgezeichneter Jurist, andererseits als Künstler mit einem Hang zum Alkohol.

Die nächste Station war Warschau, wo Hoffmann in den Jahren 1804–1806 eine glückliche, musikalisch produktive Zeit verlebte und wo 1805 seine Tochter Cäcilia geboren wurde. Hier lernte er auch seinen juristischen Kollegen Julius Eduard Itzig (später Hitzig) kennen, der sein engster Freund neben Hippel werden sollte, ihn immer wieder unterstützte und ihm Kontakte zum Kreis der Berliner Romantiker ermöglichte.

Nach der Niederlage Preußens gegen Napoleon 1806 und dem Zusammenbruch des preußischen Staates verlor Hoffmann seine Stelle als Jurist, zog 1807 nach Berlin und hielt sich dort als freier Zeichner und Komponist und mit vielerlei anderen Tätigkeiten mühsam über Wasser, während Mischa mit Cäcilia nach Posen zurückging, wo beide schwer erkrankten und Cäcilia starb.

1808 übersiedelte Hoffmann nach Bamberg, um am dortigen Theater eine Stelle als Kapellmeister (Orchesterleiter) anzutreten. Das Theater fand er in einem desolaten Zustand vor. Der Leiter erwies sich als ebenso unfähig wie intrigant und Hoffmann musste einen Nebenverdienst suchen. Er arbeitete als privater Musiklehrer und Komponist – und er begann fiktionale Texte zu schreiben. 1809 erschien Hoffmanns erste Erzählung, *Ritter Gluck*. Von nun an glaubte er auch mit seinen Texten Geld verdienen zu können. Anekdoten aus dieser Zeit berichten, dass er abends gern mit Freunden beim Wein zusammensaß und aus einzelnen Wörtern, die ihm seine Freunde zuwarfen, Geschichten improvisierte. Einige dieser Geschichten und Motive, die er mitunter auf der Tischdecke niederschrieb, tauchen in abgewandelter Form wieder in seinem Werk *Die Serapions-Brüder* (1819–21) auf.

In Bamberg verliebte Hoffmann sich in seine Gesangsschülerin Julia Mark, die zu Beginn des Unterrichts bei ihm noch nicht ganz fünfzehn Jahre alt war. Nach der Hauptfigur in Heinrich von Kleists Ritterdrama *Das Käthchen von Heilbronn*, das Hoffmann zu dieser Zeit inszenierte, erscheint sie in seinem Tagebuch immer wieder unter dem Codenamen »Ktch«. In Kleists Drama sucht und findet Käthchen, die sich am Ende als Tochter des Kaisers entpuppt, ihren Geliebten, den sie unter einem Holunderbaum schlafend im Traum gesehen hat. Der Name des Protagonisten des *Goldnen Topfs* enthält eine Anspielung auf Julia Mark: Ihr Geburtstag, der 18. März, ist der Tag des heiligen Anselmus. In der »Rose«, Hoffmanns Stammlokal, in dem er Abend für Abend saß – in Gesellschaft oder allein –, könnten ihm bei seinen Gedanken an Julia Mark auch Ideen zu seinem *Goldnen Topf* gekommen sein. Diesen schrieb er allerdings erst in Dresden, wohin ihn eine Anstellung als Musikdirektor im April 1813 verschlug.

Die politische Situation stellte sich zu jener Zeit folgendermaßen dar: Der im Sommer 1812 begonnene Russlandfeldzug Napoleons hatte in einer Katastrophe geendet: Die »Grande Armée«, die anfangs gegen 500000 Soldaten umfasste, war auf wenige tausend Mann zusammengeschmolzen, die nun zurückkehrten. Preußen, das gezwungenermaßen mit Frankreich verbündet und teilweise von französischen Truppen besetzt war, wechselte die Fahnen und trat im Februar 1813 auf die Seite Russlands und Österreichs. Es bildeten sich zahlreiche sogenannte Freikorps gegen Napoleon – unter ihnen auch das Lützow'sche Korps mit den Farben Schwarz-Rot-Gold, die später zu den deutschen Nationalfarben wurden. Auch Napoleon hob neue Truppen aus, besetzte im Mai Dresden und verteidigte es Ende August 1813 in einer Schlacht, die mehrere zehntausend Tote forderte. Die Stadt blieb umkämpft bis in den November hinein, als sie endgültig an die preußisch-russisch-österreichische Allianz fiel.

Hoffmann war von Beginn der Kämpfe an Zeuge des Geschehens, das in ihm das Bedürfnis weckte, den Gräueln des Krieges ein positives Weltbild entgegenzusetzen. Noch während der Kämpfe um Dresden brach eine Hungersnot aus, Nervenfieber und Typhus grassierten – und Hoffmann begann am 26. November 1813 ein Märchen mit dem Titel *Der goldne Topf* zu schreiben.

Hoffmann hielt den *Goldnen Topf* zeit seines Lebens für eines seiner besten Werke, weil es wie in einem Brennglas die wesentlichen Prinzipien seiner Weltanschauung – wie auch zum Teil seiner Epoche überhaupt – bündelt. In dem Gefühl, diese literarische Leistung nie mehr erreichen, geschweige denn übertreffen zu können, schrieb er am 30. August 1816 an seinen Freund Theodor Gottlieb Hippel: »Ich schreibe keinen *goldnen Topf* mehr! – So was muss man nur recht lebhaft fühlen und sich selbst keine Illusion machen!«

Mit der Gesundheit des Dichters stand es allerdings schon bald nicht mehr zum Besten. Durch Rheumatismus zeitweise zur fast völligen Bewegungslosigkeit verurteilt, war er berufsunfähig und konnte nur noch schreiben und komponieren. Es entstanden *Die Elixiere des Teufels* und die Oper *Undine* – nach dem Text seines späteren Freundes Fouqué. 1814 wurde Hoffmann als Musikdirektor in Dresden entlassen und geriet erneut in große finanzielle Schwierigkeiten. Doch wieder einmal half ihm sein guter Geist Hippel, inzwischen preußischer Staatsrat: Er vermittelte ihm die Rückkehr in die juristische Laufbahn mit einer Anstellung beim Kammergericht in Berlin, Hoffmanns letzter Lebensstation.

Kaum in Berlin angekommen, es war September 1814, lebte Hoffmann auf: Er wurde sofort in die literarischen Zirkel aufgenommen und lernte Schriftsteller der Romantik kennen wie Ludwig Tieck, Joseph von Eichendorff, Clemens Brentano, Friedrich de la Motte Fouqué, Adelbert von Chamisso, daneben Christian Dietrich Grabbe und Heinrich Heine, außerdem Intellektuelle aus dem Umfeld der Berliner Universität wie Wilhelm von Humboldt. 1815 war der Beginn seiner engen

Freundschaft mit dem Schauspieler Ludwig Devrient. Einigen seiner Freunde errichtete er ein literarisches Denkmal in den *Serapions-Brüdern*, einer Sammlung von Märchen, Erzählungen und Novellen, die durch eine Rahmenhandlung um einen Kreis von Dichtern miteinander verknüpft werden. In diesen fantastischen, grotesken bis bizarren Geschichten offenbart sich die Vielschichtigkeit und Vielfalt des Dichters, Musikers und Zeichners Hoffmann – daneben aber auch die Problematik seiner Existenz, denn viele dieser Geschichten sind voll von Motiven des Wahnsinns, der Ich-Spaltung und der geistigen Bedrohung.

Hoffmanns Berliner Jahre standen im Zeichen eines kräftezehrenden Doppellebens: Er war während des Tages ein überaus fähiger, gut organisierter und anerkannter Richter, nach den Dienststunden zudem ein sehr produktiver Schriftsteller und Komponist, der oft unter hohem Termindruck schrieb. Abends jedoch, zumal während der häufigen Alkoholexzesse im Weinhaus Lutter & Wegner, verselbstständigten sich die Märchen- und Horrorgestalten in seinem Kopf immer mehr. Hoffmann arbeitete zunehmend nach den Prinzipien, die er die Literatenrunde in den *Serapions-Brüdern* aufstellen ließ: Nur das solle ein Dichter niederschreiben, was er vor seinem inneren Auge »geschaut«, was er in seiner Fantasie wirklich erlebt habe. Seine Figuren nahmen für ihn nun abends beinahe körperlich fassbare Gestalt an und er selbst wurde, zumindest nach Dienstschluss, immer skurriler – was nicht zuletzt mit seiner nachlassenden Gesundheit zusammenhing. Trotzdem erlebte Hoffmann nun einige Jahre bei gutem Einkommen und wachsender Prominenz als Autor.

1819, als sich die reaktionären Züge der preußischen Innenpolitik verstärkten, wurde E. T. A. Hoffmann zum Mitglied der »Immediat-Kommission zur Ermittlung hochverräterischer Verbindungen und anderer gefährlicher Umtriebe« ernannt – eine große Anerkennung für seine Leistung als Jurist. Ihm widerstrebte jedoch die Art und Weise, in der die Kommission bei ihren Untersuchungen vorging und nicht selten gegen rechtsstaatliche Grundsätze verstieß. Er selbst bemühte sich stets um strikte Objektivität, auch als gegen die »Turnerbünde« um Friedrich Ludwig Jahn ermittelt wurde, die Forderungen nach einer demokratischen politischen Ordnung aufstellten, aber zugleich einen militanten deutschen Nationalismus verfochten, den Hoffmann ablehnte. Als ihm das willkürliche Vorgehen der Kommission unerträglich wurde, ersuchte er um seine Entlassung. Er ging allerdings noch weiter und ließ ein letztes Mal seiner Lust an der Satire freien Lauf: In sein letztes größeres Werk, das Märchen *Meister Floh*, integrierte er ein Zerrbild des leitenden Ermittlers. Das Manuskript wurde daraufhin 1822 beschlagnahmt und ein Disziplinarverfahren gegen Hoffmann eingeleitet.

Mittlerweile aber hatte sich sein Gesundheitszustand drastisch verschlechtert. Er war teilweise gelähmt und litt nicht nur durch seine Krankheit fürchterliche Schmerzen, sondern auch infolge der Heilungsversuche: Man glaubte damals, Lähmungserscheinungen seien durch Verbrennungen zu kurieren, und so wurde ihm systematisch die Haut verbrannt. Seine letzten Erzählungen und seine Verteidigung im Disziplinarverfahren konnte er infolge der zunehmenden Lähmung seines Körpers nicht mehr selbst schreiben, sondern musste sie diktieren.

E.T.A. Hoffmann erlebte den Ausgang des Disziplinarverfahrens nicht mehr: Er starb am 25. Juni 1822. Seiner Frau hinterließ er so beträchtliche Schulden, dass sie sich gezwungen sah, die Erbschaft abzulehnen. Das letzte Geschenk seiner Freunde an Hoffmann war sein Grabstein auf dem Jerusalemer Friedhof in Berlin mit der von Hitzig formulierten Inschrift: »E.T.W. Hoffmann, geb. Königsberg in Preußen den 24. Januar 1776, gest. Berlin den 25. Juni 1822, Kammer-Gerichts-Rath, ausgezeichnet im Amte, als Dichter, als Tonkünstler, als Maler. Gewidmet von seinen Freunden.«

Literatur

Kleßmann, Eckart: E.T.A. Hoffmann oder die Tiefe zwischen Stern und Erde. Stuttgart: Deutsche Verlags-Anstalt 1988

Safranski, Rüdiger: E.T.A. Hoffmann. Das Leben eines skeptischen Phantasten. München, Wien: Carl Hanser 1984

Steinecke, Hartmut: Die Kunst der Fantasie. E.T.A. Hoffmanns Leben und Werk. Frankfurt a.M., Leipzig: Insel 2004

Steinecke, Hartmut: Hoffmanns Leben. In: Kremer, Detlef (Hg.): E.T.A. Hoffmann. Leben – Werk – Wirkung. Berlin, New York: De Gruyter 2009, S. 1–17

E. T. A. Hoffmann

Der goldne Topf

Ein Märchen aus der neuen Zeit

Die Unglücksfälle des Studenten Ansel-
mus – Des Konrektors Paulmann Sanitätsknaster und die
goldgrünen Schlangen

⁵ Am Himmelfahrtstage, nachmittags um drei Uhr, rannte
ein junger Mensch in Dresden durchs Schwarze Tor und
geradezu in einen Korb mit Äpfeln und Kuchen hinein, die
ein altes hässliches Weib feilbot, sodass alles, was der
Quetschung glücklich entgangen, hinausgeschleudert wur-
¹⁰ de und die Straßenjungen sich lustig in die Beute teilten,
die ihnen der hastige Herr zugeworfen. Auf das Zetergeschrei, das die Alte erhob, verließen die Gevatterinnen ihre
Kuchen- und Branntweintische, umringten den jungen
Menschen und schimpften mit pöbelhaftem Ungestüm auf
ihn hinein, sodass er, vor Ärger und Scham verstummend,
¹⁵ nur seinen kleinen nicht eben besonders gefüllten Geld-
beutel hinhielt, den die Alte begierig ergriff und schnell ein-
steckte. Nun öffnete sich der fest geschlossene Kreis, aber
indem der junge Mensch hinausschoss, rief ihm die Alte
nach: »Ja renne – renne nur zu, Satanskind – ins Kristall
²⁰ bald dein Fall – ins Kristall!« – Die gellende, krächzende
Stimme des Weibes hatte etwas Entsetzliches, sodass die
Spaziergänger verwundert stillstanden und das Lachen,
das sich erst verbreitet, mit einem Mal verstummte. – Der
Student Anselmus (niemand anders war der junge
²⁵ Mensch) fühlte sich, unerachtet er des Weibes sonderbare
Worte durchaus nicht verstand, von einem unwillkürli-
chen Grausen ergriffen, und er beflügelte noch mehr seine
Schritte, um sich den auf ihn gerichteten Blicken der neu-
gierigen Menge zu entziehen. Wie er sich nun durch das
³⁰ Gewühl geputzter Menschen durcharbeitete, hörte er
überall murmeln: »Der arme junge Mann – Ei! – über das
verdammte Weib!« – Auf ganz sonderbare Weise hatten
die geheimnisvollen Worte der Alten dem lächerlichen

Abenteuer eine gewisse tragische Wendung gegeben, sodass man dem vorhin ganz Unbemerkten jetzt teilnehmend nachsah, und die Frauenzimmer verziehen dem
wohlgebildeten Gesichte, dessen Ausdruck die Glut des innern Grimms noch erhöhte, sowie dem kräftigen Wuchse 5
des Jünglings alles Ungeschick sowie den ganz aus dem
Gebiete aller Mode liegenden Anzug. Sein hechtgrauer
Frack war nämlich so zugeschnitten, als habe der Schnei-
der, der ihn gearbeitet, die moderne Form nur von Hörensagen gekannt, und das schwarzatlasne wohlgeschonte 10
Unterkleid gab dem Ganzen einen gewissen magistermä-
ßigen Stil, dem sich nun wieder Gang und Stellung durchaus nicht fügen wollte. – Als der Student schon beinahe
das Ende der Allee erreicht, die nach dem Linkischen Bade
führt, wollte ihm beinahe der Atem ausgehen. Er war genö- 15
tigt, langsamer zu wandeln; aber kaum wagte er den Blick
in die Höhe zu richten, denn noch immer sah er die Äpfel
und Kuchen um sich tanzen und jeder freundliche Blick
dieses oder jenes Mädchens war ihm nur der Reflex des
schadenfrohen Gelächters am Schwarzen Tor. So war er 20
bis an den Eingang des Linkischen Bades gekommen; eine
Reihe festlich gekleideter Menschen nach der andern zog
herein. Musik von Blasinstrumenten ertönte von innen
und immer lauter und lauter wurde das Gewühl der lustigen Gäste. Die Tränen wären dem armen Studenten Ansel- 25
mus beinahe in die Augen getreten, denn auch *er* hatte, da
der Himmelfahrtstag immer ein besonderes Familienfest
für ihn gewesen, an der Glückseligkeit des Linkischen Pa-
radieses teilnehmen, ja er hatte es bis zu einer halben Por-
tion Kaffee mit Rum und einer Bouteille Doppelbier trei- 30
ben wollen, und um so recht schlampampen zu können,
mehr Geld eingesteckt, als eigentlich erlaubt und tunlich
war. Und nun hatte ihn der fatale Tritt in den Äpfelkorb um
alles gebracht, was er bei sich getragen. An Kaffee, an Doppelbier, an Musik, an den Anblick der geputzten Mädchen 35
– kurz! – an alle geträumten Genüsse war nicht zu denken;

schwarzatlasne:
aus schwarzem
Atlas (= Satin:
Seidenstoff mit
glänzender
Oberfläche)

magistermäßig:
schulmeisterhaft

Linkisches Bad:
Gartenlokal bei
Dresden

schlampampen:
feiern, ver-
schwenderisch
sein

geputzt:
zurechtgemacht

er schlich langsam vorbei und schlug endlich den Weg an der Elbe ein, der gerade ganz einsam war. Unter einem Holunderbaume, der aus der Mauer hervorgesprossen, fand er ein freundliches Rasenplätzchen; da setzte er sich hin

5 und stopfte eine Pfeife von dem Sanitätsknaster, den ihm sein Freund, der Konrektor Paulmann, geschenkt. – Dicht vor ihm plätscherten und rauschten die goldgelben Wellen des schönen Elbstroms, hinter demselben streckte das herrliche Dresden kühn und stolz seine lichten Türme em-

10 por in den duftigen Himmelsgrund, der sich hinabsenkte auf die blumigen Wiesen und frisch grünenden Wälder, und aus tiefer Dämmerung gaben die zackichten Gebirge Kunde vom fernen Böhmerlande. Aber finster vor sich hinblickend, blies der Student Anselmus die Dampfwolken in

15 die Luft und sein Unmut wurde endlich laut, indem er sprach: »Wahr ist es doch, ich bin zu allem möglichen Kreuz und Elend geboren! – Dass ich niemals Bohnen-König geworden, dass ich im Paar oder Unpaar immer falsch geraten, dass mein Butterbrot immer auf die fette Seite ge-

20 fallen; von allem diesen Jammer will ich gar nicht reden; aber, ist es nicht ein schreckliches Verhängnis, dass ich, als ich denn doch nun dem Satan zum Trotz Student geworden war, ein Kümmeltürke sein und bleiben musste? – Ziehe ich wohl je einen neuen Rock an, ohne gleich das erste

25 Mal einen Talgfleck hineinzubringen oder mir an einem übel eingeschlagenen Nagel ein verwünschtes Loch hineinzureißen? Grüße ich wohl je einen Herrn Hofrat oder eine Dame, ohne den Hut weit von mir zu schleudern oder gar auf dem glatten Boden auszugleiten und schändlich

30 umzustülpen? Hatte ich nicht schon in Halle jeden Markttag eine bestimmte Ausgabe von drei bis vier Groschen für zertretene Töpfe, weil mir der Teufel in den Kopf setzt, meinen Gang geradeaus zu nehmen, wie die Laminge? Bin ich denn ein einziges Mal ins Kollegium oder wo man mich

35 sonst hinbeschieden, zu rechter Zeit gekommen? Was half es, dass ich eine halbe Stunde vorher ausging und mich vor

Bohnen-König: Wer am Dreikönigstag die in einen Kuchen eingebackene Bohne findet, darf an diesem Tag befehlen.

Paar oder Unpaar: einfaches Ratespiel

Kümmeltürke: Student an einer Universität, die nahe seinem Heimatort liegt

Laminge: Lemminge, stets geradeaus ziehende Wandermäuse

Kollegium: Lehrveranstaltung an der Universität

die Tür hinstellte, den Drücker in der Hand, denn sowie ich mit dem Glockenschlage aufdrücken wollte, goss mir der Satan ein Waschbecken über den Kopf oder ließ mich mit einem Heraustretenden zusammenrennen, dass ich in tausend Händel verwickelt wurde und darüber alles versäumte. – Ach! Ach! Wo seid ihr hin, ihr seligen Träume künftigen Glücks, wie ich stolz wähnte, ich könne es wohl hier noch bis zum Geheimen Sekretär bringen! Aber hat mir mein Unstern nicht die besten Gönner verfeindet? – Ich weiß, dass der Geheime Rat, an den ich empfohlen bin, verschnittenes Haar nicht leiden mag; mit Mühe befestigt der Friseur einen kleinen Zopf an meinem Hinterhaupt, aber bei der ersten Verbeugung springt die unglückselige Schnur, und ein munterer Mops, der mich umschnüffelt, apportiert im Jubel das Zöpfchen dem Geheimen Rate. Ich springe erschrocken nach und stürze über den Tisch, an dem er frühstückend gearbeitet hat, sodass Tassen, Teller, Tintenfass – Sandbüchse klirrend herabstürzen und der Strom von Schokolade und Tinte sich über die eben geschriebene Relation ergießt. ›Herr, sind Sie des Teufels!‹, brüllt der erzürnte Geheime Rat und schiebt mich zur Tür hinaus. – Was hilft es, dass mir der Konrektor Paulmann Hoffnung zu einem Schreiberdienste gemacht hat, wird es denn mein Unstern zulassen, der mich überall verfolgt! – Nur noch heute! – Ich wollte den lieben Himmelfahrtstag recht in der Gemütlichkeit feiern, ich wollte ordentlich was daraufgehen lassen. Ich hätte ebenso gut wie jeder andere Gast in Linkes Bade stolz rufen können: ›Marqueur – eine Flasche Doppelbier – aber vom besten bitte ich!‹ – Ich hätte bis spätabends sitzen können und noch dazu ganz nahe bei dieser oder jener Gesellschaft herrlich geputzter schöner Mädchen. Ich weiß es schon, der Mut wäre mir gekommen, ich wäre ein ganz anderer Mensch geworden; ja, ich hätte es so weit gebracht, dass wenn diese oder jene gefragt: ›Wie spät mag es wohl jetzt sein?‹ oder: ›Was ist denn das, was sie spielen?‹, da wäre ich mit leichtem Anstande aufgesprungen, ohne mein Glas umzuwerfen oder über die Bank zu stolpern; mich in gebeugter Stellung anderthalb Schritte vorwärtsbewegend, hätte ich gesagt: ›Erlauben Sie, Mademoiselle, Ihnen zu dienen, es ist die Ouvertüre aus dem Donauweibchen‹, oder: ›Es wird gleich sechs Uhr schlagen.‹ – Hätte mir das ein Mensch in der Welt übel deuten können? – Nein! sage ich, die Mädchen hätten sich so schalkhaft lächelnd angesehen, wie es wohl zu geschehen pflegt, wenn ich mich ermutige zu zeigen, dass ich mich auch wohl auf den leichten Weltton verstehe und mit Damen umzugehen weiß. Aber da führt mich der Satan in den verwünschten Äpfelkorb und nun muss ich in der Einsamkeit meinen Sanitätsknaster –« Hier wurde der Student Anselmus in seinem Selbstgespräche durch ein sonderbares Rieseln und Rascheln unterbrochen, das sich dicht neben ihm im Grase erhob, bald aber in die Zweige und Blätter des Holunderbaums hinaufglitt, der sich über seinem Haupte wölbte. Bald war es, als schüttle nur der Abendwind die Blätter, bald, als kos'ten Vögelein in den Zweigen, die kleinen Fittige im mutwilligen Hin- und Herflattern rührend. – Da fing es an zu flüstern und zu lispeln und es war, als ertönten die Blüten wie aufgehangene Kristallglöckchen. Anselmus horchte und horchte. Da wurde, er wusste selbst nicht wie, das Gelispel und Geflüster und Geklingel zu leisen halbverwehten Worten:

»Zwischendurch – zwischenein – zwischen Zweigen, zwischen schwellenden Blüten, schwingen, schlängeln, schlingen wir uns – Schwesterlein – Schwesterlein, schwinge dich im Schimmer – schnell, schnell herauf – herab – Abendsonne schießt Strahlen, zischelt der Abendwind – raschelt der Tau – Blüten singen – rühren wir Zünglein, singen wir mit Blüten und Zweigen – Sterne bald glänzen – müssen herab – zwischendurch, zwischenein schlängeln, schlingen, schwingen wir uns Schwesterlein.«

So ging es fort in Sinne verwirrender Rede. Der Student Anselmus dachte: Das ist denn doch nur der Abendwind,

Mademoiselle:
frz. (mein) Fräulein

Donauweibchen:
Oper (1798) von
Ferdinand Kauer

Fittige:
Fittiche, Flügel

der heute mit ordentlich verständlichen Worten flüstert. – Aber in dem Augenblick ertönte es über seinem Haupte wie ein Dreiklang heller Kristallglocken; er schaute hinauf und erblickte drei in grünem Gold erglänzende Schlänglein, die sich um die Zweige gewickelt hatten und die Köpf- 5 chen der Abendsonne entgegenstreckten. Da flüsterte und lispelte es von Neuem in jenen Worten und die Schlänglein schlüpften und kos'ten auf und nieder durch die Blätter und Zweige, und wie sie sich so schnell rührten, da war es, als streue der Holunderbusch tausend funkelnde Smarag- 10 de durch seine dunklen Blätter.»Das ist die Abendsonne, die so in dem Holunderbusch spielt«, dachte der Student Anselmus, aber da ertönten die Glocken wieder und Anselmus sah, wie eine Schlange ihr Köpfchen nach ihm herabstreckte. Durch alle Glieder fuhr es ihm wie ein elektrischer 15 Schlag, er erbebte im Innersten – er starrte hinauf und ein paar herrliche dunkelblaue Augen blickten ihn an mit unaussprechlicher Sehnsucht, sodass ein nie gekanntes Gefühl der höchsten Seligkeit und des tiefsten Schmerzes seine Brust zersprengen wollte. Und wie er voll heißen 20 Verlangens immer in die holdseligen Augen schaute, da ertönten stärker in lieblichen Akkorden die Kristallglocken und die funkelnden Smaragde fielen auf ihn herab und umspannen ihn, in tausend Flämmchen um ihn herflackernd und spielend mit schimmernden Goldfaden. Der Holun- 25 derbusch rührte sich und sprach: »Du lagst in meinem Schatten, mein Duft umfloss dich, aber du verstandest mich nicht. Der Duft ist meine Sprache, wenn ihn die Liebe entzündet.« Der Abendwind strich vorüber und sprach: »Ich umspielte deine Schläfe, aber du verstandest mich 30 nicht, der Hauch ist meine Sprache, wenn ihn die Liebe entzündet.« Die Sonnenstrahlen brachen durch das Gewölk und der Schein brannte wie in Worten: »Ich umgoss dich mit glühendem Gold, aber du verstandest mich nicht; Glut ist meine Sprache, wenn sie die Liebe entzündet.« 35

Und immer inniger und inniger versunken in den Blick des herrlichen Augenpaars, wurde heißer die Sehnsucht, glühender das Verlangen. Da regte und bewegte sich alles, wie zum frohen Leben erwacht. Blumen und Blüten dufteten
5 um ihn her und ihr Duft war wie herrlicher Gesang von tausend Flötenstimmen, und was sie gesungen, trugen im Widerhall die goldenen vorüberfliehenden Abendwolken in ferne Lande. Aber als der letzte Strahl der Sonne schnell hinter den Bergen verschwand und nun die Dämmerung
10 ihren Flor über die Gegend warf, da rief, wie aus weiter Ferne, eine raue tiefe Stimme:
»Hei, hei, was ist das für ein Gemunkel und Geflüster da drüben? – Hei, hei, wer sucht mir doch den Strahl hinter den Bergen! – Genug gesonnt, genug gesungen – hei, hei,
15 durch Busch und Gras – durch Gras und Strom! – Hei – hei – her u – u – u nter – her u – u – u nter!«
So verschwand die Stimme wie im Murmeln eines fernen Donners, aber die Kristallglocken zerbrachen im schneidenden Misston. Alles war verstummt und Anselmus sah,
20 wie die drei Schlangen schimmernd und blinkend durch das Gras nach dem Strome schlüpften; rischelnd und raschelnd stürzten sie sich in die Elbe, und über den Wogen, wo sie verschwunden, knisterte ein grünes Feuer empor, das in schiefer Richtung nach der Stadt zu leuchtend ver-
25 dampfte.

Wie der Student Anselmus für betrunken
und wahnwitzig gehalten wurde – Die Fahrt über die Elbe –
Die Bravour-Arie des Kapellmeisters Graun – Conradis Ma-
gen-Likör und das bronzierte Äpfelweib

Kapellmeister
Graun:
Carl Heinrich
Graun
(1704–1759),
Komponist und
Hofkapellmeister
Friedrichs des
Großen

bronziert:
in Bronze
gegossen

»Der Herr ist wohl nicht recht bei Troste!«, sagte eine ehrbare Bürgersfrau, die vom Spaziergange mit der Familie
heimkehrend stillstand und mit übereinandergeschlage-
nen Armen dem tollen Treiben des Studenten Anselmus
zusah. Der hatte nämlich den Stamm des Holunderbau- 10
mes umfasst und rief unaufhörlich in die Zweige und Blätter hinein:»O nur noch einmal blinket und leuchtet, ihr
lieblichen goldnen Schlänglein, nur noch einmal lasst eure
Glockenstimmchen hören! Nur noch einmal blicket mich
an, ihr holdseligen blauen Augen, nur noch einmal, ich 15
muss ja sonst vergehen in Schmerz und heißer Sehnsucht!«
Und dabei seufzte und ächzte er aus der tiefsten Brust
recht kläglich und schüttelte vor Verlangen und Ungeduld
den Holunderbaum, der aber statt aller Antwort nur ganz
dumpf und unvernehmlich mit den Blättern rauschte und 20
so den Schmerz des Studenten Anselmus ordentlich zu
verhöhnen schien. – »Der Herr ist wohl nicht recht bei
Troste«, sagte die Bürgersfrau und dem Anselmus war es
so, als würde er aus einem tiefen Traum gerüttelt oder gar
mit eiskaltem Wasser begossen, um ja recht jähling zu er- 25
wachen. Nun sah er erst wieder deutlich, wo er war, und
besann sich, wie ein sonderbarer Spuk ihn geneckt und gar
dazu getrieben habe, ganz allein für sich selbst in laute
Worte auszubrechen. Bestürzt blickte er die Bürgersfrau an
und griff endlich nach dem Hute, der zur Erde gefallen, um 30
davonzueilen. Der Familienvater war unterdessen auch he-
rangekommen und hatte, nachdem er das Kleine, das er
auf dem Arm getragen, ins Gras gesetzt, auf seinen Stock
sich stützend mit Verwunderung dem Studenten zugehört

und zugeschaut. Er hob jetzt Pfeife und Tabaksbeutel auf, die der Student fallen lassen, und sprach, beides ihm hinreichend:»Lamentier' der Herr nicht so schrecklich in der Finsternis und vexier' Er nicht die Leute, wenn Ihm sonst
5 nichts fehlt, als dass Er zu viel ins Gläschen gekuckt – geh' Er fein ordentlich zu Hause und leg' Er sich aufs Ohr!« Der Student Anselmus schämte sich sehr, er stieß ein weinerliches Ach! aus.»Nun nun«, fuhr der Bürgersmann fort, »lass' es der Herr nur gut sein, so was geschieht den Besten
10 und am lieben Himmelfahrtstage kann man wohl in der Freude seines Herzens ein Schlückchen über den Durst tun. Das passiert auch wohl einem Mann Gottes – der Herr ist ja doch wohl ein Kandidat. – Aber wenn es der Herr erlaubt, stopf' ich mir ein Pfeifchen von seinem Tabak, mei-
15 ner ist mir da droben ausgegangen.« Dies sagte der Bürger, als der Student Anselmus schon Pfeife und Beutel einstecken wollte, und nun reinigte der Bürger langsam und bedächtig seine Pfeife und fing ebenso langsam an zu stopfen. Mehrere Bürgermädchen waren dazugetreten, die
20 sprachen heimlich mit der Frau und kickerten miteinander, indem sie den Anselmus ansahen. *Dem* war es, als stände er auf lauter spitzigen Dornen und glühenden Nadeln. Sowie er nur Pfeife und Tabaksbeutel erhalten, rannte er spornstreichs davon. Alles, was er Wunderbares gese-
25 hen, war ihm rein aus dem Gedächtnis geschwunden und er besann sich nur, dass er unter dem Holunderbaum allerlei tolles Zeug ganz laut geschwatzt, was ihm denn um so entsetzlicher war, als er von jeher einen innerlichen Abscheu gegen alle Selbstredner gehegt.»Der Satan schwatzt
30 aus ihnen«, sagte sein Rektor und daran glaubte er auch in der Tat. Für einen am Himmelfahrtstage betrunkenen Candidatus theologiae gehalten zu werden, der Gedanke war ihm unerträglich. Schon wollte er in die Pappelallee bei dem Kosel'schen Garten einbiegen, als eine Stimme hinter
35 ihm herrief:»Herr Anselmus! Herr Anselmus! Wo rennen Sie denn um tausend Himmels willen hin in solcher Hast!«

lamentieren: jammern

vexieren: zum Narren halten

Kandidat: Theologiestudent vor dem Examen

kickern: kichern

Candidatus theologiae: Kandidat der Theologie

Der Student blieb wie in den Boden gewurzelt stehen, denn er war überzeugt, dass nun gleich ein neues Unglück auf ihn einbrechen werde. Die Stimme ließ sich wieder hören: »Herr Anselmus, so kommen Sie doch zurück, wir warten hier am Wasser!« – Nun vernahm der Student erst, 5 dass es sein Freund, der Konrektor Paulmann, war, der ihn rief; er ging zurück an die Elbe und fand den Konrektor mit seinen beiden Töchtern sowie den Registrator Heerbrand, wie sie eben im Begriff waren, in eine Gondel zu steigen. Der Konrektor Paulmann lud den Studenten ein, mit ihm 10 über die Elbe zu fahren und dann in seiner auf der Pirnaer Vorstadt gelegenen Wohnung abends über bei ihm zu bleiben. Der Student Anselmus nahm das recht gern an, weil er denn doch so dem bösen Verhängnis, das heute über ihn walte, zu entrinnen glaubte. Als sie nun über den Strom 15 fuhren, begab es sich, dass auf dem jenseitigen Ufer bei dem Anton'schen Garten ein Feuerwerk abgebrannt wurde. Prasselnd und zischend fuhren die Raketen in die Höhe und die leuchtenden Sterne zersprangen in den Lüften, tausend knisternde Strahlen und Flammen um sich sprü- 20 hend. Der Student Anselmus saß in sich gekehrt bei dem rudernden Schiffer, als er nun aber im Wasser den Widerschein der in der Luft herumsprühenden und knisternden Funken und Flammen erblickte: da war es ihm, als zögen die goldnen Schlänglein durch die Flut. Alles, was er unter 25 dem Holunderbaum Seltsames geschaut, trat wieder lebendig in Sinn und Gedanken und aufs Neue ergriff ihn die unaussprechliche Sehnsucht, das glühende Verlangen, welches dort seine Brust in krampfhaft schmerzvollem Entzücken erschüttert. »Ach, seid ihr es denn wieder, ihr gol- 30 denen Schlänglein, singt nur, singt! In eurem Gesange erscheinen ja wieder die holden lieblichen dunkelblauen Augen – ach, seid ihr denn unter den Fluten!« – So rief der Student Anselmus und machte dabei eine heftige Bewegung, als wolle er sich gleich aus der Gondel in die Flut 35 stürzen. »Ist der Herr des Teufels?«, rief der Schiffer und

Registrator: für die Aktenablage zuständiger Beamter

Gondel: hier Ruderboot

erwischte ihn beim Rockschoß. Die Mädchen, welche bei
ihm gesessen, schrieen im Schreck auf und flüchteten auf
die andere Seite der Gondel; der Registrator Heerbrand
sagte dem Konrektor Paulmann etwas ins Ohr, worauf die-
5 ser mehreres antwortete, wovon der Student Anselmus
aber nur die Worte verstand: »Dergleichen Anfälle – noch
nicht bemerkt?« – Gleich nachher stand auch der Konrektor Paulmann auf und setzte sich mit einer gewissen ernsten gravitätischen Amtsmiene zu dem Studenten Ansel-   gravitätisch:
10 mus, seine Hand nehmend und sprechend: »Wie ist Ihnen,   würdevoll
Herr Anselmus?« Dem Studenten Anselmus vergingen beinahe die Sinne, denn in seinem Innern erhob sich ein toller
Zwiespalt, den er vergebens beschwichtigen wollte. Er sah
nun wohl deutlich, dass das, was er für das Leuchten der
15 goldenen Schlänglein gehalten, nur der Widerschein des
Feuerwerks bei Antons Garten war; aber ein nie gekanntes
Gefühl, er wusste selbst nicht, ob Wonne, ob Schmerz, zog
krampfhaft seine Brust zusammen, und wenn der Schiffer
nun so mit dem Ruder ins Wasser hineinschlug, dass es
20 wie im Zorn sich emporkräuselnd plätscherte und rauschte, da vernahm er in dem Getöse ein heimliches Lispeln
und Flüstern: »Anselmus! Anselmus! Siehst du nicht, wie
wir stets vor dir herziehen? – Schwesterlein blickt dich
wohl wieder an – glaube – glaube – glaube an uns.« – Und
25 es war ihm, als säh' er im Widerschein drei grünglühende
Streife. Aber als er dann recht wehmütig ins Wasser hineinblickte, ob nun nicht die holdseligen Augen aus der Flut
herausschauen würden, da gewahrte er wohl, dass der
Schein nur von den erleuchteten Fenstern der nahen Häu-
30 ser herrührte. Schweigend saß er da und im Innern mit
sich kämpfend; aber der Konrektor Paulmann sprach noch
heftiger: »Wie ist Ihnen, Herr Anselmus?« Ganz kleinmütig
antwortete der Student: »Ach, lieber Herr Konrektor, wenn
Sie wüssten, was ich eben unter einem Holunderbaum bei
35 der Linke'schen Gartenmauer ganz wachend mit offnen
Augen für ganz besondere Dinge geträumt habe, ach, Sie

würden mir es gar nicht verdenken, dass ich so gleichsam
abwesend« – »Ei, ei, Herr Anselmus«, fiel der Konrektor
Paulmann ein, »ich habe Sie immer für einen soliden jungen Mann gehalten, aber träumen – mit hellen offenen Augen träumen und dann mit einem Mal ins Wasser springen 5
wollen, das – verzeihen Sie mir, können nur Wahnwitzige
oder Narren!« – Der Student Anselmus wurde ganz betrübt
über seines Freundes harte Rede, da sagte Paulmanns
älteste Tochter Veronika, ein recht hübsches blühendes
Mädchen von sechszehn Jahren: »Aber lieber Vater! Es 10
muss dem Herrn Anselmus doch was Besonderes begegnet
sein und er glaubt vielleicht nur, dass er gewacht habe, unerachtet er unter dem Holunderbaum wirklich geschlafen
und ihm allerlei närrisches Zeug vorgekommen, was ihm
noch in Gedanken liegt.« – »Und, teuerste Mademoiselle, 15
werter Konrektor!«, nahm der Registrator Heerbrand das
Wort, »sollte man denn nicht auch wachend in einen gewissen träumerischen Zustand versinken können? So ist
mir in der Tat selbst einmal nachmittags beim Kaffee in einem solchen Hinbrüten, dem eigentlichen Moment kör- 20
perlicher und geistiger Verdauung, die Lage eines verlor-
nen Aktenstücks wie durch Inspiration eingefallen und nur
noch gestern tanzte auf gleiche Weise eine herrliche große

lateinische Frakturschrift vor meinen hellen offenen Augen
umher.« – »Ach, geehrtester Registrator«, erwiderte der 25
Konrektor Paulmann, »Sie haben immer solch einen Hang
zu den Poeticis gehabt und da verfällt man leicht in das
Fantastische und Romanhafte.« Aber dem Studenten Anselmus tat es wohl, dass man sich seiner in der höchst be-
trübten Lage, für betrunken oder wahnwitzig gehalten zu 30
werden, annahm, und unerachtet es ziemlich finster geworden, glaubte er doch zum ersten Male zu bemerken,
wie Veronika recht schöne dunkelblaue Augen habe, ohne
dass ihm jedoch jenes wunderbare Augenpaar, das er in
dem Holunderbaum geschaut, in Gedanken kam. Über- 35
haupt war dem Studenten Anselmus mit einem Mal nun

wieder das Abenteuer unter dem Holunderbaum ganz verschwunden, er fühlte sich so leicht und froh, ja er trieb es
wie im lustigen Übermute so weit, dass er bei dem Heraus-
steigen aus der Gondel seiner Schutzrednerin Veronika die
5 hülfreiche Hand bot und ohne Weiteres, als sie ihren Arm
in den seinigen hing, sie mit so vieler Geschicklichkeit und
so vielem Glück zu Hause führte, dass er nur ein einziges
Mal ausglitt, und da es gerade der einzige schmutzige Fleck
auf dem ganzen Wege war, Veronikas weißes Kleid nur
10 ganz wenig bespritzte. Dem Konrektor Paulmann entging
die glückliche Änderung des Studenten Anselmus nicht, er
gewann ihn wieder lieb und bat ihn der harten Worte wegen, die er vorhin gegen ihn fallen lassen, um Verzeihung.
»Ja!«, fügte er hinzu, »man hat wohl Beispiele, dass oft ge-
15 wisse Fantasmata dem Menschen vorkommen und ihn ordentlich ängstigen und quälen können, das ist aber körperliche Krankheit und es helfen Blutigel, die man, salva venia,
dem Hintern appliziert, wie ein berühmter, bereits verstor-
bener Gelehrter bewiesen.« Der Student Anselmus wusste
20 nun in der Tat selbst nicht, ob er betrunken, wahnwitzig
oder krank gewesen, auf jeden Fall schienen ihm aber die
Blutigel ganz unnütz, da die etwanigen Fantasmata gänz-
lich verschwunden und er sich immer heiterer fühlte, je
mehr es ihm gelang, sich in allerlei Artigkeiten um die hüb-
25 sche Veronika zu bemühen. Es wurde wie gewöhnlich nach
der frugalen Mahlzeit Musik gemacht; der Student Anselmus musste sich ans Klavier setzen und Veronika ließ ihre
helle klare Stimme hören. – »Werte Mademoiselle«, sagte
der Registrator Heerbrand, »Sie haben eine Stimme wie ei-
30 ne Kristallglocke!« – »Das nun wohl nicht!«, fuhr es dem
Studenten Anselmus heraus, er wusste selbst nicht wie,
und alle sahen ihn verwundert und betroffen an. »Kristallglocken tönen in Holunderbäumen wunderbar! wunderbar!«, fuhr der Student Anselmus halbleise murmelnd fort.
35 Da legte Veronika ihre Hand auf seine Schulter und sagte:
»Was sprechen Sie denn da, Herr Anselmus?« Gleich wur-

Fantasmata:
Einbildungen

Blutigel:
Blutegel

salva venia:
lat. mit Verlaub
zu sagen

applizieren:
hier auftragen
auf

frugal:
kärglich

de der Student wieder ganz munter und fing an zu spielen. Der Konrektor Paulmann sah ihn finster an, aber der Registrator Heerbrand legte ein Notenblatt auf den Pult und sang zum Entzücken eine Bravour-Arie vom Kapellmeister Graun. Der Student Anselmus akkompagnierte noch man- 5 ches und ein fugiertes Duett, das er mit Veronika vortrug und das der Konrektor Paulmann selbst komponiert, setzte alles in die fröhlichste Stimmung. Es war ziemlich spät worden und der Registrator Heerbrand griff nach Hut und Stock, da trat der Konrektor Paulmann geheimnisvoll zu 10 ihm hin und sprach: »Ei, wollten Sie nicht, geehrter Registrator, dem guten Herrn Anselmus selbst – nun! wovon wir vorhin sprachen« – »Mit tausend Freuden«, erwiderte der Registrator Heerbrand und begann, nachdem sie sich im Kreise gesetzt, ohne Weiteres in folgender Art: »Es ist hier 15 am Orte ein alter wunderlicher merkwürdiger Mann, man sagt, er treibe allerlei geheime Wissenschaften, da es nun aber dergleichen eigentlich nicht gibt, so halte ich ihn eher für einen forschenden Antiquar, auch wohl nebenher für einen experimentierenden Chemiker. Ich meine niemand 20 andern als unsern Geheimen Archivarius Lindhorst. Er lebt, wie Sie wissen, einsam in seinem entlegenen alten Hause, und wenn ihn der Dienst nicht beschäftigt, findet man ihn in seiner Bibliothek oder in seinem chemischen Laboratorio, wo er aber niemanden hineinlässt. Er besitzt 25 außer vielen seltenen Büchern eine Anzahl zum Teil arabischer, koptischer und gar in sonderbaren Zeichen, die keiner bekannten Sprache angehören, geschriebener Manuskripte. Diese will er auf geschickte Weise kopieren lassen und es bedarf dazu eines Mannes, der sich darauf versteht, 30 mit der Feder zu zeichnen, um mit der höchsten Genauigkeit und Treue alle Zeichen auf Pergament, und zwar mit Tusche, übertragen zu können. Er lässt in einem besondern Zimmer seines Hauses unter seiner Aufsicht arbeiten, bezahlt außer dem freien Tisch während der Arbeit jeden 35 Tag einen Speziestaler und verspricht noch ein ansehn-

fugiertes Duett: als Fuge komponiertes Lied für zwei Stimmen

Antiquar: hier Altertumsforscher

Geheimer Archivarius: Leiter des königlichen Archivs

koptisch: jüngste Form des Ägyptischen

Speziestaler: wertvolle Silbermünze

liches Geschenk, wenn die Abschriften glücklich beendet. Die Zeit der Arbeit ist täglich von zwölf bis sechs Uhr. Von drei bis vier Uhr wird geruht und gegessen. Da er schon mit ein paar jungen Leuten vergeblich den Versuch gemacht hat, jene Manuskripte kopieren zu lassen, so hat er sich endlich an mich gewendet, ihm einen geschickten Zeichner zuzuweisen; da habe ich an Sie gedacht, lieber Herr Anselmus, denn ich weiß, dass Sie sowohl sehr sauber schreiben als auch mit der Feder zierlich und rein zeichnen. Wollen Sie daher in dieser schlechten Zeit und bis zu Ihrer etwanigen Anstellung den Speziestaler täglich verdienen und das Geschenk obendrein, so bemühen Sie sich morgen Punkt zwölf Uhr zu dem Herrn Archivarius, dessen Wohnung Ihnen bekannt sein wird. – Aber hüten Sie sich ja vor jedem Tinteflecken; fällt er auf die Abschrift, so müssen Sie ohne Gnade von vorn anfangen, fällt er auf das Original, so ist der Herr Archivarius imstande, Sie zum Fenster hinauszuwerfen, denn es ist ein zorniger Mann.« – Der Student Anselmus war voll innerer Freude über den Antrag des Registrators Heerbrand; denn nicht allein, dass er sauber schrieb und mit der Feder zeichnete, so war es auch seine wahre Passion, mit mühsamem kalligrafischen Aufwande abzuschreiben; er dankte daher seinen Gönnern in den verbindlichsten Ausdrücken und versprach, die morgende Mittagsstunde nicht zu versäumen. In der Nacht sah der Student Anselmus nichts als blanke Speziestaler und hörte ihren lieblichen Klang. – Wer mag das dem Armen verargen, der, um so manche Hoffnung durch ein launisches Missgeschick betrogen, jeden Heller zu Rate halten und manchem Genuss, den jugendliche Lebenslust foderte, entsagen musste. Schon am frühen Morgen suchte er seine Bleistifte, seine Rabenfedern, seine chinesische Tusche zusammen; denn besser, dachte er, kann der Archivarius keine Materialien erfinden. Vor allen Dingen musterte und ordnete er seine kalligrafischen Meisterstücke und seine Zeichnungen, um sie dem Archivarius zum Beweis seiner

kalligrafisch:
in Schönschrift

Heller:
Kupfermünze
von geringem
Wert

fodern:
fordern, verlangen

Fähigkeit, das Verlangte zu erfüllen, aufzuweisen. Alles ging glücklich vonstatten, ein besonderer Glücksstern schien über ihm zu walten, die Halsbinde saß gleich beim ersten Umknüpfen, wie sie sollte, keine Naht platzte, keine Masche zerriss in den schwarzseidenen Strümpfen, der Hut fiel nicht noch einmal in den Staub, als er schon sauber abgebürstet. – Kurz! – Punkt halb zwölf Uhr stand der Student Anselmus in seinem hechtgrauen Frack und seinen schwarzatlasnen Unterkleidern, eine Rolle Schönschriften und Federzeichnungen in der Tasche, schon auf der Schlossgasse in Conradis Laden und trank – eins – zwei Gläschen des besten Magenlikörs, denn hier, dachte er, indem er auf die annoch leere Tasche schlug, werden bald Speziestaler erklingen. Unerachtet des weiten Weges bis in die einsame Straße, in der sich das uralte Haus des Archivarius Lindhorst befand, war der Student Anselmus doch vor zwölf Uhr an der Haustüre. Da stand er und schaute den großen schönen bronzenen Türklopfer an; aber als er nun auf den letzten die Luft mit mächtigem Klange durchbebenden Schlag der Turmuhr an der Kreuzkirche den Türklopfer ergreifen wollte, da verzog sich das metallene Gesicht im ekelhaften Spiel blauglühender Lichtblicke zum grinsenden Lächeln. Ach! Es war ja das Äpfelweib vom Schwarzen Tor! Die spitzigen Zähne klappten in dem schlaffen Maule zusammen und in dem Klappern schnarrte es: »Du Narre – Narre – Narre – warte, warte! Warum warst hinausgerannt! Narre!« – Entsetzt taumelte der Student Anselmus zurück, er wollte den Türpfosten ergreifen, aber seine Hand erfasste die Klingelschnur und zog sie an, da läutete es stärker und stärker in gellenden Misstönen und durch das ganze öde Haus rief und spottete der Widerhall: »Bald dein Fall ins Kristall!« Den Studenten Anselmus ergriff ein Grausen, das im krampfhaften Fieberfrost durch alle Glieder bebte. Die Klingelschnur senkte sich hinab und wurde zur weißen durchsichtigen Riesenschlange, die umwand und drückte

annoch:
noch

ihn, fester und fester ihr Gewinde schnürend, zusammen, dass die mürben zermalmten Glieder knackend zerbröckelten und sein Blut aus den Adern spritzte, eindringend in den durchsichtigen Leib der Schlange und ihn rot färbend. – »Töte mich, töte mich!«, wollte er schreien in der entsetzlichen Angst, aber sein Geschrei war nur ein dumpfes Röcheln. – Die Schlange erhob ihr Haupt und legte die lange spitzige Zunge von glühendem Erz auf die Brust des Anselmus, da zerriss ein schneidender Schmerz jähling die Pulsader des Lebens und es vergingen ihm die Gedanken. – Als er wieder zu sich selbst kam, lag er auf seinem dürftigen Bettlein, vor ihm stand aber der Konrektor Paulmann und sprach: »Was treiben Sie denn um des Himmels willen für tolles Zeug, lieber Herr Anselmus!«

DRITTE VIGILIE

*Nachrichten von der Familie des Archi-
varius Lindhorst – Veronikas blaue Augen – Der Registrator
Heerbrand*

»Der Geist schaute auf das Wasser, da bewegte es sich und 5
brauste in schäumenden Wogen und stürzte sich don-
nernd in die Abgründe, die ihre schwarzen Rachen auf-
sperrten, es gierig zu verschlingen. Wie triumphierende
Sieger hoben die Granitfelsen ihre zackicht gekrönten
Häupter empor, das Tal schützend, bis es die Sonne in ih- 10
ren mütterlichen Schoß nahm und es umfassend mit ihren
Strahlen wie mit glühenden Armen pflegte und wärmte.
Da erwachten tausend Keime, die unter dem öden Sande
geschlummert, aus dem tiefen Schlafe und streckten ihre
grüne Blättlein und Halme zum Angesicht der Mutter hin- 15
auf und wie lächelnde Kinder in grüner Wiege ruhten in
den Blüten und Knospen Blümlein, bis auch sie von der
Mutter geweckt erwachten und sich schmückten mit den
Lichtern, die die Mutter ihnen zur Freude auf tausendfa-
che Weise bunt gefärbt. Aber in der Mitte des Tals war ein 20
schwarzer Hügel, der hob sich auf und nieder wie die Brust
des Menschen, wenn glühende Sehnsucht sie schwellt. –
Aus den Abgründen rollten die Dünste empor und sich zu-
sammenballend in gewaltige Massen strebten sie das Angesicht der Mutter feindlich zu verhüllen; die rief aber den 25
Sturm herbei, der fuhr zerstäubend unter sie, und als der
reine Strahl wieder den schwarzen Hügel berührte, da
brach im Übermaß des Entzückens eine herrliche Feuerlilie hervor, die schönen Blätter wie holdselige Lippen öff-
nend, der Mutter süße Küsse zu empfangen. – Nun schritt 30
ein glänzendes Leuchten in das Tal; es war der Jüngling
Phosphorus, den sah die Feuerlilie und flehte, von heißer
sehnsüchtiger Liebe befangen: ›Sei doch mein ewiglich, du
schöner Jüngling! Denn ich liebe dich und muss vergehen,

Phosphorus:
griech.-lat.
Lichtbringer

wenn du mich verlässest.‹ Da sprach der Jüngling Phosphorus: ›Ich will dein sein, du schöne Blume, aber dann
wirst du, wie ein entartet Kind, Vater und Mutter verlassen, du wirst deine Gespielen nicht mehr kennen, du wirst
5 größer und mächtiger sein wollen als alles, was sich jetzt
als deinesgleichen mit dir freut. Die Sehnsucht, die jetzt
dein ganzes Wesen wohltätig erwärmt, wird, in hundert
Strahlen zerspaltet, dich quälen und martern, denn der
Sinn wird die Sinne gebären und die höchste Wonne, die
10 der Funke entzündet, den ich in dich hineinwerfe, ist der
hoffnungslose Schmerz, in dem du untergehst, um aufs
Neue fremdartig emporzukeimen. – Dieser Funke ist der
Gedanke!‹ – ›Ach!‹, klagte die Lilie, ›kann ich denn nicht in
der Glut, wie sie jetzt in mir brennt, dein sein? Kann ich
15 dich denn mehr lieben als jetzt und kann ich dich denn
schauen wie jetzt, wenn du mich vernichtest?‹ Da küsste
sie der Jüngling Phosphorus und wie vom Lichte durch-
strahlt loderte sie auf in Flammen, aus denen ein fremdes
Wesen hervorbrach, das schnell dem Tale entfliehend im
20 unendlichen Raume herumschwärmte, sich nicht küm-
mernd um die Gespielen der Jugend und um den geliebten
Jüngling. *Der* klagte um die verlorne Geliebte, denn auch
ihn brachte ja nur die unendliche Liebe zu der schönen Lilie in das einsame Tal, und die Granitfelsen neigten ihre
25 Häupter teilnehmend vor dem Jammer des Jünglings. Aber
einer öffnete seinen Schoß und es kam ein schwarzer ge-
flügelter Drache rauschend herausgeflattert und sprach:
›Meine Brüder, die Metalle, schlafen da drinnen, aber ich
bin stets munter und wach und will dir helfen.‹ Sich auf-
30 und niederschwingend erhaschte endlich der Drache das
Wesen, das der Lilie entsprossen, trug es auf den Hügel
und umschloss es mit seinem Fittig; da war es wieder die
Lilie, aber der bleibende Gedanke zerriss ihr Innerstes und
die Liebe zu dem Jüngling Phosphorus war ein schneiden-
35 der Jammer, vor dem, von giftigen Dünsten angehaucht,
die Blümlein, die sonst sich ihres Blicks gefreut, verwelkten

und starben. Der Jüngling Phosphorus legte eine glänzende Rüstung an, die in tausendfarbigen Strahlen spielte, und kämpfte mit dem Drachen, der mit seinem schwarzen Fittig an den Panzer schlug, dass er hell erklang; und von dem mächtigen Klange lebten die Blümlein wieder auf und um- 5 flatterten wie bunte Vögel den Drachen, dessen Kräfte schwanden und der besiegt sich in der Tiefe der Erde verbarg. Die Lilie war befreit, der Jüngling Phosphorus umschlang sie voll glühenden Verlangens himmlischer Liebe und im hochjubelnden Hymnus huldigten ihr die Blumen, 10 die Vögel, ja selbst die hohen Granitfelsen als Königin des Tals.« – »Erlauben Sie, das ist orientalischer Schwulst, werter Herr Archivarius!«, sagte der Registrator Heerbrand, »und wir baten denn doch, Sie sollten, wie Sie sonst wohl zu tun pflegen, uns etwas aus Ihrem höchst merkwürdigen 15 Leben, etwa von Ihren Reise-Abenteuern, und zwar etwas Wahrhaftiges, erzählen.« – »Nun was denn«, erwiderte der Archivarius Lindhorst, »das, was ich soeben erzählt, ist das Wahrhaftigste, was ich euch auftischen kann, ihr Leute, und gehört in gewisser Art auch zu meinem Leben. Denn 20 ich stamme eben aus jenem Tale her und die Feuerlilie, die zuletzt als Königin herrschte, ist meine Ur – ur – ur – ur-Großmutter, weshalb ich denn auch eigentlich ein Prinz bin.« Alle brachen in ein schallendes Gelächter aus. – »Ja, lacht nur recht herzlich«, fuhr der Archivarius Lindhorst 25 fort, »euch mag wohl das, was ich freilich nur in ganz dürftigen Zügen erzählt habe, unsinnig und toll vorkommen, aber es ist dessen unerachtet nichts weniger als ungereimt

allegorisch: oder auch nur allegorisch gemeint, sondern buchstäblich
sinnbildlich wahr. Hätte ich aber gewusst, dass Euch die herrliche Lie- 30
besgeschichte, der auch ich meine Entstehung zu verdanken habe, so wenig gefallen würde, so hätte ich lieber manches Neue mitgeteilt, das mir mein Bruder beim gestrigen Besuch mitbrachte.« – »Ei, wie das? Haben Sie denn einen Bruder, Herr Archivarius? – Wo ist er denn – wo lebt er 35 denn? Auch in königlichen Diensten oder vielleicht ein pri-

vatisierender Gelehrter?«, so fragte man von allen Seiten.
– »Nein!«, erwiderte der Archivarius, ganz kalt und gelassen eine Prise nehmend, »er hat sich auf die schlechte Seite gelegt und ist unter die Drachen gegangen.« – »Wie be-
5 liebten Sie doch zu sagen, wertester Archivarius«, nahm
der Registrator Heerbrand das Wort, »unter die Drachen?«
– »Unter die Drachen?«, hallte es von allen Seiten wie ein
Echo nach. – »Ja, unter die Drachen«, fuhr der Archivarius   Desperation:
Lindhorst fort; »eigentlich war es Desperation. Sie wissen,   Verzweiflung
10 meine Herren, dass mein Vater vor ganz kurzer Zeit starb,
es sind nur höchstens dreihundertundfünfundachtzig Jahre her, weshalb ich auch noch Trauer trage, der hatte mir,
dem Liebling, einen prächtigen Onyx vermacht, den durch-   Onyx:
aus mein Bruder haben wollte. Wir zankten uns bei der   schwarzer
                                                            Halbedelstein
15 Leiche des Vaters darüber auf eine ungebührliche Weise,
bis der Selige, der die Geduld verlor, aufsprang und den bösen Bruder die Treppe hinunterwarf. Das wurmte meinen
Bruder und er ging stehenden Fußes unter die Drachen.
Jetzt hält er sich in einem Zypressenwalde dicht bei Tunis
20 auf, dort hat er einen berühmten mystischen Karfunkel zu   Karfunkel:
bewachen, dem ein Teufelskerl von Nekromant, der ein   roter Edelstein
Sommerlogis in Lappland bezogen, nachstellt, weshalb er   Nekromant:
                                                            Totenbeschwörer
denn nur auf ein Viertelstündchen, wenn gerade der Nek-   Sommerlogis:
romant im Garten seine Salamanderbeete besorgt, abkom-   Ferienhaus für
                                                            den Sommer
25 men kann, um mir in der Geschwindigkeit zu erzählen,
was es gutes Neues an den Quellen des Nils gibt.« – Zum
zweiten Male brachen die Anwesenden in ein schallendes
Gelächter aus, aber dem Studenten Anselmus wurde ganz
unheimlich zumute und er konnte dem Archivarius Lind-
30 horst kaum in die starren ernsten Augen sehen, ohne
innerlich auf eine ihm selbst unbegreifliche Weise zu erbeben. Zumal hatte die raue, aber sonderbar metallartig
tönende Stimme des Archivarius Lindhorst für ihn etwas
geheimnisvoll Eindringendes, dass er Mark und Bein erzit-
35 tern fühlte. Der eigentliche Zweck, weshalb ihn der Registrator Heerbrand mit in das Kaffeehaus genommen hatte,

schien heute nicht erreichbar zu sein. Nach jenem Vorfall vor dem Hause des Archivarius Lindhorst war nämlich der Student Anselmus nicht dahin zu vermögen gewesen, den Besuch zum zweiten Male zu wagen; denn nach seiner innigsten Überzeugung hatte nur der Zufall ihn, wo nicht 5 vom Tode, doch von der Gefahr, wahnwitzig zu werden, befreit. Der Konrektor Paulmann war eben durch die Straße gegangen, als er ganz von Sinnen vor der Haustür lag und ein altes Weib, die ihren Kuchen- und Äpfelkorb beiseitegesetzt, um ihn beschäftigt war. Der Konrektor Paulmann 10 hatte sogleich eine Portechaise herbeigerufen und ihn so nach Hause transportiert. »Man mag von mir denken, was man will«, sagte der Student Anselmus, »man mag mich für einen Narren halten oder nicht – genug! – an dem Türklopfer grinste mir das vermaledeite Gesicht der Hexe vom 15 Schwarzen Tore entgegen; was nachher geschah, davon will ich lieber gar nicht reden, aber wäre ich aus meiner Ohnmacht erwacht und hätte das verwünschte Äpfelweib vor mir gesehen (denn niemand anders war doch das alte um mich beschäftigte Weib), mich hätte augenblicklich der 20 Schlag gerührt oder ich wäre wahnsinnig geworden.« Alles Zureden, alle vernünftige Vorstellungen des Konrektors Paulmann und des Registrators Heerbrand fruchteten gar nichts und selbst die blauäugige Veronika vermochte nicht ihn aus einem gewissen tiefsinnigen Zustande zu reißen, in 25 den er versunken. Man hielt ihn nun in der Tat für seelenkrank und sann auf Mittel, ihn zu zerstreuen, worauf der Registrator Heerbrand meinte, dass nichts dazu dienlicher sein könne als die Beschäftigung bei dem Archivarius Lindhorst, nämlich das Nachmalen der Manuskripte. Es kam 30 nur darauf an, den Studenten Anselmus auf gute Art dem Archivarius Lindhorst bekannt zu machen, und da der Registrator Heerbrand wusste, dass dieser beinahe jeden Abend ein gewisses bekanntes Kaffeehaus besuchte, so lud er den Studenten Anselmus ein, jeden Abend so lange auf 35 seine, des Registrators, Kosten in jenem Kaffeehause ein

Portechaise:
frz. Tragstuhl,
Sänfte

Glas Bier zu trinken und eine Pfeife zu rauchen, bis er auf diese oder jene Art dem Archivarius bekannt und mit ihm über das Geschäft des Abschreibens der Manuskripte einig worden, welches der Student Anselmus dankbarlichst an-
5 nahm. »Sie verdienen Gottes Lohn, werter Registrator! wenn Sie den jungen Menschen zur Raison bringen«, sagte der Konrektor Paulmann. »Gottes Lohn!«, wiederholte Veronika, indem sie die Augen fromm zum Himmel erhub und lebhaft daran dachte, wie der Student Anselmus schon
10 jetzt ein recht artiger junger Mann sei, auch ohne Raison! – Als der Archivarius Lindhorst eben mit Hut und Stock zur Türe hinausschreiten wollte, da ergriff der Registrator Heerbrand den Studenten Anselmus rasch bei der Hand, und mit ihm dem Archivarius den Weg vertretend, sprach
15 er: »Geschätztester Herr Geheimer Archivarius, hier ist der Student Anselmus, der, ungemein geschickt im Schönschreiben und Zeichnen, Ihre seltenen Manuskripte kopieren will.« – »Das ist mir ganz ungemein lieb«, erwiderte der Archivarius Lindhorst rasch, warf den dreieckigen sol-
20 datischen Hut auf den Kopf und eilte, den Registrator Heerbrand und den Studenten Anselmus beiseiteschiebend, mit vielem Geräusch die Treppe hinab, sodass beide ganz verblüfft dastanden und die Stubentür anguckten, die er dicht vor ihnen zugeschlagen, dass die Angeln klirrten.
25 »Das ist ja ein ganz wunderlicher alter Mann«, sagte der Registrator Heerbrand. – »Wunderlicher alter Mann«, stotterte der Student Anselmus nach, fühlend, wie ein Eisstrom ihm durch alle Adern fröstelte, dass er beinahe zur starren Bildsäule worden. Aber alle Gäste lachten und sag-
30 ten: »Der Archivarius war heute einmal wieder in seiner besonderen Laune, morgen ist er gewiss sanftmütig und spricht kein Wort, sondern sieht in die Dampfwirbel seiner Pfeife oder liest Zeitungen, man muss sich daran gar nicht kehren.« – Das ist auch wahr, dachte der Student Ansel-
35 mus, wer wird sich an so etwas kehren! Hat der Archivarius nicht gesagt, es sei ihm ganz ungemein lieb, dass ich seine

zur Raison bringen: zur Vernunft bringen

Manuskripte kopieren wolle? – Und warum vertrat ihm auch der Registrator Heerbrand den Weg, als er gerade nach Hause gehen wollte? – Nein, nein, es ist ein lieber Mann im Grunde genommen, der Herr Geheime Archivarius Lindhorst, und liberal erstaunlich – nur kurios in absonderlichen Redensarten. – Allein was schadet das mir? – Morgen gehe ich hin Punkt zwölf Uhr, und setzten sich hundert bronzierte Äpfelweiber dagegen. 5

VIERTE VIGILIE

Melancholie des Studenten Anselmus –
Der smaragdene Spiegel – Wie der Archivarius Lindhorst als
Stoßgeier davonflog und der Student Anselmus niemandem
5 *begegnete*

Stoßgeier:
hier Hühner-
habicht

Wohl darf ich geradezu dich selbst, günstiger Leser! fragen,
ob du in deinem Leben nicht Stunden, ja Tage und Wochen
hattest, in denen dir all dein gewöhnliches Tun und Treiben ein recht quälendes Missbehagen erregte und in denen
10 dir alles, was dir sonst recht wichtig und wert in Sinn und
Gedanken zu tragen vorkam, nun läppisch und nichtswür-
dig erschien? Du wusstest dann selbst nicht, was du tun
und wohin du dich wenden solltest; ein dunkles Gefühl, es
müsse irgendwo und zu irgendeiner Zeit ein hoher, den
15 Kreis alles irdischen Genusses überschreitender Wunsch
erfüllt werden, den der Geist, wie ein streng gehaltenes
furchtsames Kind, gar nicht auszusprechen wage, erhob
deine Brust, und in dieser Sehnsucht nach dem unbekannten Etwas, das dich überall, wo du gingst und standest, wie
20 ein duftiger Traum mit durchsichtigen, vor dem schärferen
Blick zerfließenden Gestalten umschwebte, verstummtest
du für alles, was dich hier umgab. Du schlichst mit trübem
Blick umher wie ein hoffnungslos Liebender, und alles, was
du die Menschen auf allerlei Weise im bunten Gewühl
25 durcheinander treiben sahst, erregte dir keinen Schmerz
und keine Freude, als gehörtest du nicht mehr dieser Welt
an. Ist dir, günstiger Leser, jemals so zumute gewesen, so
kennst du selbst aus eigner Erfahrung den Zustand, in dem
sich der Student Anselmus befand. Überhaupt wünschte
30 ich, es wäre mir schon jetzt gelungen, dir, geneigter Leser!
den Studenten Anselmus recht lebhaft vor Augen zu bringen. Denn in der Tat, ich habe in den Nachtwachen, die ich
dazu verwende, seine höchst sonderbare Geschichte auf-
zuschreiben, noch so viel Wunderliches, das wie eine spuk-

günstig:
hier geneigt,
aufmerksam

hafte Erscheinung das alltägliche Leben ganz gewöhnlicher Menschen ins Blaue hinausrückte, zu erzählen, dass mir bange ist, du werdest am Ende weder an den Studenten Anselmus noch an den Archivarius Lindhorst glauben, ja wohl gar einige ungerechte Zweifel gegen den Konrektor 5 Paulmann und den Registrator Heerbrand hegen, unerachtet wenigstens die letztgenannten achtbaren Männer noch jetzt in Dresden umherwandeln. Versuche es, geneigter Leser! in dem feenhaften Reiche voll herrlicher Wunder, die die höchste Wonne so wie das tiefste Entsetzen in gewalti- 10 gen Schlägen hervorrufen, ja, wo die ernste Göttin ihren Schleier lüftet, dass wir ihr Antlitz zu schauen wähnen – aber ein Lächeln schimmert oft aus dem ernsten Blick, und das ist der neckhafte Scherz, der in allerlei verwirrendem Zauber mit uns spielt, so wie die Mutter oft mit ihren liebs- 15 ten Kindern tändelt – ja! in diesem Reiche, das uns der Geist so oft, wenigstens im Traume aufschließt, versuche es, geneigter Leser! die bekannten Gestalten, wie sie täglich, wie man zu sagen pflegt, im gemeinen Leben, um dich herwandeln, wiederzuerkennen. Du wirst dann glauben, 20 dass dir jenes herrliche Reich viel näher liege, als du sonst wohl meintest, welches ich nun eben recht herzlich wünsche und dir in der seltsamen Geschichte des Studenten Anselmus anzudeuten strebe. – Also, wie gesagt, der Student Anselmus geriet seit jenem Abende, als er den Archi- 25 varius Lindhorst gesehen, in ein träumerisches Hinbrüten, das ihn für jede äußere Berührung des gewöhnlichen Lebens unempfindlich machte. Er fühlte, wie ein unbekanntes Etwas in seinem Innersten sich regte und ihm jenen wonnevollen Schmerz verursachte, der eben die Sehnsucht 30 ist, welche dem Menschen ein anderes höheres Sein verheißt. Am liebsten war es ihm, wenn er allein durch Wiesen und Wälder schweifen und wie losgelöst von allem, was ihn an sein dürftiges Leben fesselte, nur im Anschauen der mannigfachen Bilder, die aus seinem Innern stiegen, 35 sich gleichsam selbst wiederfinden konnte. So kam es

die ernste Göttin: vermutlich Pallas Athene, die Göttin der Weisheit

denn, dass er einst, von einem weiten Spaziergange heimkehrend, bei jenem merkwürdigen Holunderbusch vor-
überschritt, unter dem er damals, wie von Feerei befangen,
so viel Seltsames sah; er fühlte sich wunderbarlich von
dem grünen heimatlichen Rasenfleck angezogen, aber
kaum hatte er sich daselbst niedergelassen, als alles, was er
damals wie in einer himmlischen Verzückung geschaut
und das wie von einer fremden Gewalt aus seiner Seele
verdrängt worden, ihm wieder in den lebhaftesten Farben
vorschwebte, als sähe er es zum zweiten Mal. Ja, noch
deutlicher als damals war es ihm, dass die holdseligen
blauen Augen der goldgrünen Schlange angehörten, die in
der Mitte des Holunderbaums sich emporwand, und dass
in den Windungen des schlanken Leibes all die herrlichen
Kristall-Glockentöne hervorblitzen mussten, die ihn mit
Wonne und Entzücken erfüllten. So wie damals am Himmelfahrtstage umfasste er den Holunderbaum und rief in
die Zweige und Blätter hinein: »Ach, nur noch einmal
schlängle und schlinge und winde dich, du holdes grünes
Schlänglein, in den Zweigen, dass ich dich schauen mag. –
Nur noch einmal blicke mich an mit deinen holdseligen
Augen! Ach, ich liebe dich ja und muss in Trauer und
Schmerz vergehen, wenn du nicht wiederkehrst!« Alles
blieb jedoch stumm und still und wie damals rauschte der
Holunderbaum nur ganz unvernehmlich mit seinen Zweigen und Blättern. Aber dem Studenten Anselmus war es,
als wisse er nun, was sich in seinem Innern so rege und be-
wege, ja was seine Brust so im Schmerz einer unendlichen
Sehnsucht zerreiße. »Ist es denn etwas anderes«, sprach er,
»als dass ich dich so ganz mit voller Seele bis zum Tode
liebe, du herrliches goldenes Schlänglein, ja dass ich ohne
dich nicht zu leben vermag und vergehen muss in hoff-
nungsloser Not, wenn ich dich nicht wiedersehe, dich nicht
habe wie die Geliebte meines Herzens – aber ich weiß es,
du wirst mein und dann alles, was herrliche Träume aus
einer andern höhern Welt mir verheißen, erfüllt sein.« –

Nun ging der Student Anselmus jeden Abend, wenn die Sonne nur noch in die Spitzen der Bäume ihr funkelndes Gold streute, unter den Holunderbaum und rief aus tiefer Brust mit ganz kläglichen Tönen in die Blätter und Zweige hinein nach der holden Geliebten, dem goldgrünen 5 Schlänglein. Als er dieses wieder einmal nach gewöhnlicher Weise trieb, stand plötzlich ein langer hagerer Mann in einen weiten lichtgrauen Überrock gehüllt vor ihm und rief, indem er ihn mit seinen großen feurigen Augen anblitzte: »Hei hei – was klagt und winselt denn da? – Hei 10 hei, das ist ja Herr Anselmus, der meine Manuskripte kopieren will.« Der Student Anselmus erschrak nicht wenig vor der gewaltigen Stimme, denn es war ja dieselbe, die damals am Himmelfahrtstage gerufen: »Hei, hei! Was ist das für ein Gemunkel und Geflüster etc.« Er konnte vor Stau- 15 nen und Schreck kein Wort herausbringen. – »Nun, was ist Ihnen denn, Herr Anselmus«, fuhr der Archivarius Lindhorst fort (niemand anders war der Mann im weißgrauen Überrock), »was wollen Sie von dem Holunderbaum und warum sind Sie denn nicht zu mir gekommen, um Ihre Ar- 20 beit anzufangen?« – Wirklich hatte der Student Anselmus es noch nicht über sich vermocht, den Archivarius Lindhorst wieder in seinem Hause aufzusuchen, unerachtet er sich jenen Abend ganz dazu ermutigt, in diesem Augenblick aber, als er seine schönen Träume und noch dazu 25 durch dieselbe feindselige Stimme, die schon damals ihm die Geliebte geraubt, zerrissen sah, erfasste ihn eine Art Verzweiflung und er brach ungestüm los: »Sie mögen mich nun für wahnsinnig halten oder nicht, Herr Archivarius! Das gilt mir ganz gleich, aber hier auf diesem Baum er- 30 blickte ich am Himmelfahrtstage die goldgrüne Schlange – ach! die ewig Geliebte meiner Seele, und sie sprach zu mir in herrlichen Kristalltönen, aber Sie – Sie! Herr Archivarius, schrieen und riefen so erschrecklich übers Wasser her.« – »Wie das, mein Gönner!«, unterbrach ihn der Archivarius 35 Lindhorst, indem er ganz sonderbar lächelnd eine Prise

nahm. – Der Student Anselmus fühlte, wie seine Brust sich erleichterte, als es ihm nur gelungen, von jenem wunderbaren Abenteuer anzufangen, und es war ihm, als sei es schon ganz recht, dass er den Archivarius geradezu be-
5 schuldigt: *Er* sei es gewesen, der so aus der Ferne gedonnert. Er nahm sich zusammen, sprechend: »Nun, so will ich denn alles erzählen, was mir an dem Himmelfahrtsabende Verhängnisvolles begegnet, und dann mögen Sie reden und tun und überhaupt denken über mich, was Sie
10 wollen.« – Er erzählte nun wirklich die ganze wunderliche Begebenheit von dem unglücklichen Tritt in den Äpfelkorb an bis zum Entfliehen der drei goldgrünen Schlangen übers Wasser, und wie ihn nun die Menschen für betrunken oder wahnsinnig gehalten: »Das alles«, schloss der Stu-
15 dent Anselmus, »habe ich wirklich gesehen und tief in der Brust ertönen noch im hellen Nachklang die lieblichen Stimmen, die zu mir sprachen; es war keinesweges ein Traum, und soll ich nicht vor Liebe und Sehnsucht sterben, so muss ich an die goldgrünen Schlangen glauben, uner-
20 achtet ich an Ihrem Lächeln, werter Herr Archivarius, wahrnehme, dass Sie eben diese Schlangen nur für ein Erzeugnis meiner erhitzten, überspannten Einbildungskraft halten.« – »Mitnichten«, erwiderte der Archivarius in der größten Ruhe und Gelassenheit, »die goldgrünen Schlan-
25 gen, die Sie, Herr Anselmus, in dem Holunderbusch gesehen, waren nun eben meine drei Töchter, und dass Sie sich in die blauen Augen der jüngsten, Serpentina genannt, gar sehr verliebt, das ist nun wohl klar. Ich wusste es übrigens schon am Himmelfahrtstage, und da mir zu Hause, am Ar-
30 beitstisch sitzend, des Gemunkels und Geklingels zu viel wurde, rief ich den losen Dirnen zu, dass es Zeit sei, nach Hause zu eilen, denn die Sonne ging schon unter und sie hatten sich genug mit Singen und Strahlentrinken erlustigt.« – Dem Studenten Anselmus war es, als würde ihm
35 nur etwas mit deutlichen Worten gesagt, was er längst geahnet, und ob er gleich zu bemerken glaubte, dass sich Ho-

lunderbusch, Mauer und Rasenboden und alle Gegenstände rings umher leise zu drehen anfingen, so raffte er sich doch zusammen und wollte etwas reden, aber der Archivarius ließ ihn nicht zu Worte kommen, sondern zog schnell den Handschuh von der linken Hand herunter, und indem er den in wunderbaren Funken und Flammen blitzenden Stein eines Ringes dem Studenten vor die Augen hielt, sprach er: »Schauen Sie her, werter Herr Anselmus, Sie können darüber, was Sie erblicken, eine Freude haben.« Der Student Anselmus schaute hin, und, o Wunder! der Stein warf wie aus einem brennenden Fokus Strahlen rings herum und die Strahlen verspannen sich zum hellen leuchtenden Kristallspiegel, in dem in mancherlei Windungen, bald einander fliehend, bald sich ineinander schlingend, die drei goldgrünen Schlänglein tanzten und hüpften. Und wenn die schlanken in tausend Funken blitzenden Leiber sich berührten, da erklangen herrliche Akkorde wie Kristallglocken und die mittelste streckte wie voll Sehnsucht und Verlangen das Köpfchen zum Spiegel heraus und die dunkelblauen Augen sprachen: »Kennst du mich denn – glaubst du denn an mich, Anselmus? – Nur in dem Glauben ist die Liebe – kannst du denn lieben?« – »O Serpentina, Serpentina!«, schrie der Student Anselmus in wahnsinnigem Entzücken, aber der Archivarius Lindhorst hauchte schnell auf den Spiegel, da fuhren in elektrischem Geknister die Strahlen in den Fokus zurück und an der Hand blitzte nur wieder ein kleiner Smaragd, über den der Archivarius den Handschuh zog. »Haben Sie die goldnen Schlänglein gesehen, Herr Anselmus?«, fragte der Archivarius Lindhorst. »Ach Gott, ja«, erwiderte der Student, »und die holde liebliche Serpentina.« – »Still«, fuhr der Archivarius Lindhorst fort, »genug für heute, übrigens können Sie ja, wenn Sie sich entschließen wollen bei mir zu arbeiten, meine Töchter oft genug sehen, oder vielmehr, ich will Ihnen dies wahrhaftige Vergnügen verschaffen, wenn Sie sich bei der Arbeit recht brav halten, das heißt: mit der größten

Genauigkeit und Reinheit jedes Zeichen kopieren. Aber Sie kommen ja gar nicht zu mir, unerachtet mir der Registrator Heerbrand versicherte, Sie würden sich nächstens einfinden, und ich deshalb mehrere Tage vergebens ge-
5 wartet.« – Sowie der Archivarius Lindhorst den Namen Heerbrand nannte, war es dem Studenten Anselmus erst wieder, als stehe er wirklich mit beiden Füßen auf der Erde und er wäre wirklich der Student Anselmus und der vor ihm stehende Mann der Archivarius Lindhorst. Der gleich-
10 gültige Ton, in dem dieser sprach, hatte im grellen Kontrast mit den wunderbaren Erscheinungen, die er wie ein wahrhafter Nekromant hervorrief, etwas Grauenhaftes, das durch den stechenden Blick der funkelnden Augen, die aus den knöchernen Höhlen des magern, runzlichten Gesichts
15 wie aus einem Gehäuse hervorstrahlten, noch erhöht wurde, und den Studenten ergriff mit Macht dasselbe unheimliche Gefühl, welches sich seiner schon auf dem Kaffeehause bemeisterte, als der Archivarius so viel Abenteuerliches erzählte. Nur mit Mühe fasste er sich, und als der Archiva-
20 rius nochmals fragte: »Nun, warum sind Sie denn nicht zu mir gekommen?«, da erhielt er es über sich, alles zu erzählen, was ihm an der Haustür begegnet. »Lieber Herr Anselmus«, sagte der Archivarius, als der Student seine Erzählung geendet, »lieber Herr Anselmus, ich kenne wohl das
25 Äpfelweib, von der Sie zu sprechen belieben; es ist eine fatale Kreatur, die mir allerhand Possen spielt, und dass sie sich hat bronzieren lassen, um als Türklopfer die mir angenehmen Besuche zu verscheuchen, das ist in der Tat sehr arg und nicht zu leiden. Wollten Sie doch, werter Herr An-
30 selmus, wenn Sie morgen um zwölf Uhr zu mir kommen und wieder etwas von dem Angrinsen und Anschnarren vermerken, ihr gefälligst was Weniges von diesem Liquor auf die Nase tröpfeln, dann wird sich sogleich alles geben. Und nun Adieu! lieber Herr Anselmus, ich gehe etwas
35 rasch, deshalb will ich Ihnen nicht zumuten, mit mir nach der Stadt zurückzukehren. – Adieu! Auf Wiedersehen,

fatal:
hier unangenehm

Possen:
Streiche

Liquor:
lat. Flüssigkeit

morgen um zwölf Uhr.« – Der Archivarius hatte dem Studenten Anselmus ein kleines Fläschchen mit einem goldgelben Liquor gegeben und nun schritt er rasch von dannen, sodass er in der tiefen Dämmerung, die unterdessen eingebrochen, mehr in das Tal hinabzuschweben als zu gehen schien. Schon war er in der Nähe des Kosel'schen Gartens, da setzte sich der Wind in den weiten Überrock und trieb die Schöße auseinander, dass sie wie ein Paar große Flügel in den Lüften flatterten und es dem Studenten Anselmus, der verwunderungsvoll dem Archivarius nachsah, vorkam, als breite ein großer Vogel die Fittige aus zum raschen Fluge. – Wie der Student nun so in die Dämmerung hineinstarrte, da erhob sich mit krächzendem Geschrei ein weißgrauer Geier hoch in die Lüfte und er merkte nun wohl, dass das weiße Geflatter, was er noch immer für den davonschreitenden Archivarius gehalten, schon eben der Geier gewesen sein müsse, unerachtet er nicht begreifen konnte, wo denn der Archivarius mit einem Mal hingeschwunden. »Er kann aber auch selbst in Person davongeflogen sein, der Herr Archivarius Lindhorst«, sprach der Student Anselmus zu sich selbst, »denn ich sehe und fühle nun wohl, dass alle die fremden Gestalten aus einer fernen wundervollen Welt, die ich sonst nur in ganz besondern merkwürdigen Träumen schaute, jetzt in mein waches reges Leben geschritten sind und ihr Spiel mit mir treiben. – Dem sei aber, wie ihm wolle! Du lebst und glühst in meiner Brust, holde liebliche Serpentina, nur du kannst die unendliche Sehnsucht stillen, die mein Innerstes zerreißt. – Ach, wann werde ich in dein holdseliges Auge blicken – liebe, liebe Serpentina!« – – So rief der Student Anselmus ganz laut. – »Das ist ein schnöder unchristlicher Name«, murmelte eine Bassstimme neben ihm, die einem heimkehrenden Spaziergänger gehörte. Der Student Anselmus, zu rechter Zeit erinnert, wo er war, eilte raschen Schrittes von dannen, indem er bei sich selbst dachte: Wäre es nicht ein rechtes Unglück, wenn mir jetzt der Konrektor Paulmann oder der Registrator Heerbrand begegnete? – Aber er begegnete keinem von beiden.

FÜNFTE VIGILIE

Cicero de officiis: Werk des römischen Philosophen Cicero, »Von den Pflichten«

Meerkatze: Affenart

Äquinoktium: Tag- und Nachtgleiche (23. September)

applizieren: *hier* als geeignet erweisen

Hofrat: hoher Beamter

Konnexionen: Verbindungen, Beziehungen

Die Frau Hofrätin Anselmus – Cicero de officiis – Meerkatzen und anderes Gesindel – Die alte Liese – Das Äquinoktium

»Mit dem Anselmus ist nun einmal in der Welt nichts anzufangen«, sagte der Konrektor Paulmann; »alle meine guten Lehren, alle meine Ermahnungen sind fruchtlos, er will sich ja zu gar nichts applizieren, unerachtet er die besten Schulstudia besitzt, die denn doch die Grundlage von allem sind.« Aber der Registrator Heerbrand erwiderte schlau und geheimnisvoll lächelnd: »Lassen Sie dem Anselmus doch nur Raum und Zeit, wertester Konrektor! Das ist ein kurioses Subjekt, aber es steckt viel in ihm, und wenn ich sage: viel, so heißt das: ein Geheimer Sekretär oder wohl gar ein Hofrat.« – »Hof –«, fing der Konrektor im größten Erstaunen an, das Wort blieb ihm stecken. – »Still, still«, fuhr der Registrator Heerbrand fort, »ich weiß, was ich weiß! – Schon seit zwei Tagen sitzt er bei dem Archivarius Lindhorst und kopiert und der Archivarius sagte gestern Abend auf dem Kaffeehause zu mir: ›Sie haben mir einen wackern Mann empfohlen, Verehrter! – Aus dem wird was‹, und nun bedenken Sie des Archivarii Konnexionen – still – still – sprechen wir uns übers Jahr!« – Mit diesen Worten ging der Registrator im fortwährenden schlauen Lächeln zur Tür hinaus und ließ den vor Erstaunen und Neugierde verstummten Konrektor im Stuhle festgebannt sitzen. Aber auf Veronika hatte das Gespräch einen ganz eignen Eindruck gemacht. Habe ich's denn nicht schon immer gewusst, dachte sie, dass der Herr Anselmus ein recht gescheiter, liebenswürdiger junger Mann ist, aus dem noch was Großes wird? Wenn ich nur wüsste, ob er mir wirklich gut ist? – Aber hat er mir nicht jenen Abend, als wir über die Elbe fuhren, zweimal die Hand gedrückt? Hat er mich nicht im Duett angesehen mit solchen ganz sonderbaren

Blicken, die bis ins Herz drangen? Ja, ja! Er ist mir wirklich gut – und ich – Veronika überließ sich ganz, wie junge Mädchen wohl pflegen, den süßen Träumen von einer heitern Zukunft. Sie war Frau Hofrätin, bewohnte ein schönes Logis in der Schlossgasse oder auf dem Neumarkt oder auf der Moritzstraße – der moderne Hut, der neue türkische Shawl stand ihr vortrefflich – sie frühstückte im eleganten Negligé im Erker, der Köchin die nötigen Befehle für den Tag erteilend. »Aber dass Sie mir die Schüssel nicht verdirbt, es ist des Herrn Hofrats Leibessen!« – Vorübergehende Elegants schielen herauf, sie hört deutlich: »Es ist doch eine göttliche Frau, die Hofrätin, wie ihr das Spitzenhäubchen so allerliebst steht!« – Die Geheime Rätin Ypsilon schickt den Bedienten und lässt fragen, ob es der Frau Hofrätin gefällig wäre, heute ins Linkische Bad zu fahren? – »Viel Empfehlungen, es täte mir unendlich leid, ich sei schon engagiert zum Tee bei der Präsidentin Tz.« – Da kommt der Hofrat Anselmus, der schon früh in Geschäften ausgegangen, zurück; er ist nach der letzten Mode gekleidet; »wahrhaftig schon zehn«, ruft er, indem er die goldene Uhr repetieren lässt und der jungen Frau einen Kuss gibt. »Wie geht's, liebes Weibchen, weißt du auch, was ich für dich habe?«, fährt er schäkernd fort und zieht ein Paar herrliche nach der neuesten Art gefasste Ohrringe aus der Westentasche, die er ihr statt der sonst getragenen gewöhnlichen einhängt. »Ach, die schönen niedlichen Ohrringe«, ruft Veronika ganz laut und springt, die Arbeit wegwerfend, vom Stuhl auf, um in dem Spiegel die Ohrringe wirklich zu beschauen. »Nun was soll denn das sein«, sagte der Konrektor Paulmann, der eben in Cicero de Officiis vertieft, beinahe das Buch fallen lassen, »man hat ja Anfälle wie der Anselmus.« Aber da trat der Student Anselmus, der wider seine Gewohnheit sich mehrere Tage nicht sehen lassen, ins Zimmer, zu Veronikas Schreck und Erstaunen, denn in der Tat war er in seinem ganzen Wesen verändert. Mit einer gewissen Bestimmtheit, die ihm sonst gar nicht

Negligé:
hier bequeme Hauskleidung

Elegants:
frz. elegante junge Männer

repetieren lassen:
die Uhr ablaufen lassen, um die Zeit abzulesen

eigen, sprach er von ganz andern Tendenzen seines Lebens, die ihm klar worden, von den herrlichen Aussichten, die sich ihm geöffnet, die mancher aber gar nicht zu schauen vermöchte. Der Konrektor Paulmann wurde, der geheimnisvollen Rede des Registrators Heerbrand gedenkend, noch mehr betroffen und konnte kaum eine Silbe hervorbringen, als der Student Anselmus, nachdem er einige Worte von dringender Arbeit bei dem Archivarius Lindhorst fallen lassen und der Veronika mit eleganter Gewandtheit die Hand geküsst, schon die Treppe hinunter, auf und von dannen war. »Das war ja schon der Hofrat«, murmelte Veronika in sich hinein, »und er hat mir die Hand geküsst, ohne dabei auszugleiten oder mir auf den Fuß zu treten wie sonst! – Er hat mir einen recht zärtlichen Blick zugeworfen – er ist mir wohl in der Tat gut.« – Veronika überließ sich aufs Neue jener Träumerei, indessen war es, als träte immer eine feindselige Gestalt unter die lieblichen Erscheinungen, wie sie aus dem künftigen häuslichen Leben als Frau Hofrätin hervorgingen, und die Gestalt lachte recht höhnisch und sprach: »Das ist ja alles recht dummes ordinäres Zeug und noch dazu erlogen, denn der Anselmus wird nimmermehr Hofrat und dein Mann; er liebt dich ja nicht, unerachtet du blaue Augen hast und einen schlanken Wuchs und eine feine Hand.« – Da goss sich ein Eisstrom durch Veronikas Innres und ein tiefes Entsetzen vernichtete die Behaglichkeit, mit der sie sich nur noch erst im Spitzenhäubchen und den eleganten Ohrringen gesehen. – Die Tränen wären ihr beinahe aus den Augen gestürzt und sie sprach laut: »Ach, es ist ja wahr, er liebt mich nicht und ich werde nimmermehr Frau Hofrätin!« – »Romanenstreiche, Romanenstreiche«, schrie der Konrektor Paulmann, nahm Hut und Stock und eilte zornig von dannen! »Das fehlte noch«, seufzte Veronika und ärgerte sich recht über die zwölfjährige Schwester, welche teilnehmungslos an ihrem Rahmen sitzend fortgestickt hatte. Unterdessen war es beinahe drei Uhr geworden und nun gerade Zeit, das Zimmer aufzuräumen und den Kaffeetisch zu ordnen; denn die Mademoiselles Osters hatten sich bei der Freundin ansagen lassen. Aber hinter jedem Schränkchen, das Veronika wegrückte, hinter den Notenbüchern, die sie vom Klavier, hinter jeder Tasse, hinter der Kaffeekanne, die sie aus dem Schrank nahm, sprang jene Gestalt wie ein Alräunchen hervor und lachte höhnisch und schlug mit den kleinen Spinnenfingern Schnippchen und schrie: »Er wird doch nicht dein Mann, er wird doch nicht dein Mann!« Und dann, wenn sie alles stehn und liegen ließ und in die Mitte des Zimmers flüchtete, sah es mit langer Nase riesengroß hinter dem Ofen hervor und knurrte und schnurrte: »Er wird doch nicht dein Mann!« – »Hörst du denn nichts, siehst du denn nichts, Schwester?«, rief Veronika, die vor Furcht und Zittern gar nichts mehr anrühren mochte. Fränzchen stand ganz ernsthaft und ruhig von ihrem Stickrahmen auf und sagte: »Was ist dir denn heute, Schwester? Du wirfst ja alles durcheinander, dass es klippert und klappert, ich muss dir nur helfen.« Aber da traten schon die muntern Mädchen in vollem Lachen herein und in dem Augenblick wurde nun auch Veronika gewahr, dass sie den Ofenaufsatz für eine Gestalt und das Knarren der übel verschlossenen Ofentüre für die feindseligen Worte gehalten hatte. Von einem innern Entsetzen gewaltsam ergriffen, konnte sie sich aber nicht so schnell erholen, dass die Freundinnen nicht ihre ungewöhnliche Spannung, die selbst ihre Blässe, ihr verstörtes Gesicht verriet, hätten bemerken sollen. Als sie schnell abbrechend von all dem Lustigen, das sie eben erzählen wollten, in die Freundin drangen, was ihr denn nun um Himmels willen widerfahren, musste Veronika eingestehen, wie sie sich ganz besondern Gedanken hingegeben und plötzlich am hellen Tage von einer sonderbaren Gespensterfurcht, die ihr sonst gar nicht eigen, übermannt worden. Nun erzählte sie so lebhaft, wie aus allen Winkeln des Zimmers ein kleines graues Männchen sie geneckt und gehöhnt habe, dass die Mad. Osters

Alräunchen:
Alraune: der menschlichen Gestalt ähnliche Wurzel

sich schüchtern nach allen Seiten umsahen und ihnen bald
gar unheimlich und grausig zumute wurde. Da trat Fränzchen mit dem dampfenden Kaffee herein und alle drei, sich
schnell besinnend, lachten über ihre eigne Albernheit. Angelika, so hieß die älteste Oster, war mit einem Offizier ver- 5
sprochen, der bei der Armee stand und von dem die Nachrichten so lange ausgeblieben, dass man an seinem Tode
oder wenigstens an seiner schweren Verwundung kaum
zweifeln konnte. Dies hatte Angelika in die tiefste Betrüb-
nis gestürzt, aber heute war sie fröhlich bis zur Ausgelas- 10
senheit, worüber Veronika sich nicht wenig wunderte und
es ihr unverhohlen äußerte. »Liebes Mädchen«, sagte Angelika, »glaubst du denn nicht, dass ich meinen Viktor immerdar im Herzen, in Sinn und Gedanken trage? Aber eben
deshalb bin ich so heiter! – ach Gott – so glücklich, so selig 15
in meinem ganzen Gemüte! Denn mein Viktor ist wohl
und ich sehe ihn in weniger Zeit als Rittmeister, geschmückt mit den Ehrenzeichen, die ihm seine unbegrenz-
te Tapferkeit erwarb, wieder. Eine starke, aber durchaus
nicht gefährliche Verwundung des rechten Arms, und zwar 20
durch den Säbelhieb eines feindlichen Husaren, verhindert
ihn zu schreiben und der schnelle Wechsel seines Aufent-
halts, da er durchaus sein Regiment nicht verlassen will,
macht es auch noch immer unmöglich, mir Nachricht zu
geben, aber heute Abend erhält er die bestimmte Weisung, 25
sich erst ganz heilen zu lassen. Er reiset morgen ab, um
herzukommen, und indem er in den Wagen steigen will,
erfährt er seine Ernennung zum Rittmeister.« – »Aber, liebe Angelika«, fiel Veronika ein, »das weißt du jetzt schon
alles?« – »Lache mich nicht aus, liebe Freundin«, fuhr An- 30
gelika fort, »aber du wirst es nicht, denn könnte nicht dir
zur Strafe gleich das kleine graue Männchen dort hinter
dem Spiegel hervorgucken? – Genug, ich kann mich von
dem Glauben an gewisse geheimnisvolle Dinge nicht los-
machen, weil sie oft genug ganz sichtbarlich und hand- 35
greiflich, möcht’ ich sagen, in mein Leben getreten. Vor-

züglich kommt es mir denn nun gar nicht einmal so wunderbar und unglaublich vor als manchen andern, dass es Leute geben kann, denen eine gewisse Sehergabe eigen, die sie durch ihnen bekannte untrügliche Mittel in Bewegung zu setzen wissen. Es ist hier am Orte eine alte Frau, die diese Gabe ganz besonders besitzt. Nicht so wie andere ihres Gelichters prophezeit sie aus Karten, gegossenem Blei oder aus dem Kaffeesatze, sondern nach gewissen Vorbereitungen, an denen die fragende Person teilnimmt, erscheint in einem hell polierten Metallspiegel ein wunderliches Gemisch von allerlei Figuren und Gestalten, welche die Alte deutet und aus ihnen die Antwort auf die Frage schöpft. Ich war gestern Abend bei ihr und erhielt jene Nachrichten von meinem Viktor, an deren Wahrheit ich nicht einen Augenblick zweifle.« – Angelikas Erzählung warf einen Funken in Veronikas Gemüt, der schnell den Gedanken entzündete, die Alte über den Anselmus und über ihre Hoffnungen zu befragen. Sie erfuhr, dass die Alte Frau Rauerin hieße, in einer entlegenen Straße vor dem Seetor wohne, durchaus nur dienstags, mittwochs und freitags von sieben Uhr abends, dann aber die ganze Nacht hindurch bis zum Sonnenaufgang zu treffen sei und es gern sähe, wenn man allein komme. – Es war eben Mittwoch und Veronika beschloss, unter dem Vorwande, die Osters nach Hause zu begleiten, die Alte aufzusuchen, welches sie denn auch in der Tat ausführte. Kaum hatte sie nämlich von den Freundinnen, die in der Neustadt wohnten, vor der Elbbrücke Abschied genommen, als sie geflügelten Schrittes vor das Seetor eilte und sich bald in der beschriebenen abgelegenen engen Straße befand, an deren Ende sie das kleine rote Häuschen erblickte, in welchem die Frau Rauerin wohnen sollte. Sie konnte sich eines gewissen unheimlichen Gefühls, ja eines innern Erbebens nicht erwehren, als sie vor der Haustür stand. Endlich raffte sie sich, des innern Widerstrebens unerachtet, zusammen und zog an der Klingel, worauf sich die Tür öffnete und sie durch den finstern Gang nach der Treppe tappte, die zum obern Stock führte, wie es Angelika beschrieben. »Wohnt hier nicht die Frau Rauerin?«, rief sie in den öden Hausflur hinein, als sich niemand zeigte; da erscholl statt der Antwort ein langes klares Miau und ein großer schwar- 5 zer Kater schritt mit hochgekrümmtem Rücken, den Schweif in Wellenringeln hin und her drehend, gravitätisch vor ihr her bis an die Stubentür, die auf ein zweites Miau geöffnet wurde. »Ach, sieh da, Töchterchen, bist schon hier? Komm herein – herein!« So rief die heraustretende 10 Gestalt, deren Anblick Veronika an den Boden festbannte. Ein langes, hagres, in schwarze Lumpen gehülltes Weib! – Indem sie sprach, wackelte das hervorragende spitze Kinn, verzog sich das zahnlose Maul, von der knöchernen Habichtsnase beschattet, zum grinsenden Lächeln und 15 leuchtende Katzenaugen flackerten Funken werfend durch die große Brille. Aus dem bunten um den Kopf gewickelten Tuche starrten schwarze borstige Haare hervor, aber zum Grässlichen erhoben das ekle Antlitz zwei große Brandfle- cke, die sich von der linken Backe über die Nase wegzogen. 20 – Veronikas Atem stockte und der Schrei, der der gepress- ten Brust Luft machen sollte, wurde zum tiefen Seufzer, als der Hexe Knochenhand sie ergriff und in das Zimmer hin- einzog. Drinnen regte und bewegte sich alles, es war ein Sinne verwirrendes Quieken und Miauen und Gekrächze 25 und Gepiepe durcheinander. Die Alte schlug mit der Faust auf den Tisch und schrie: »Still da, ihr Gesindel!« Und die Meerkatzen kletterten winselnd auf das hohe Himmelbett und die Meerschweinchen liefen unter den Ofen und der Rabe flatterte auf den runden Spiegel; nur der schwarze 30 Kater, als gingen ihn die Scheltworte nichts an, blieb ruhig auf dem großen Polsterstuhle sitzen, auf den er gleich nach dem Eintritt gesprungen. – Sowie es still wurde, ermutigte sich Veronika; es war ihr nicht so unheimlich als draußen auf dem Flur, ja selbst das Weib schien ihr nicht mehr so 35 scheußlich. Jetzt erst blickte sie im Zimmer umher! – Aller-

hand hässliche ausgestopfte Tiere hingen von der Decke
herab, unbekanntes seltsames Geräte lag durcheinander
auf dem Boden und in dem Kamin brannte ein blaues spar-
sames Feuer, das nur dann und wann in gelben Funken
5 emporknisterte; aber dann rauschte es von oben herab
und ekelhafte Fledermäuse wie mit verzerrten lachenden
Menschengesichtern schwangen sich hin und her und zuweilen leckte die Flamme herauf an der rußigen Mauer
und dann erklangen schneidende, heulende Jammertöne,
10 dass Veronika von Angst und Grausen ergriffen wurde.
»Mit Verlaub, Mamsellchen«, sagte die Alte schmunzelnd,   Mamsellchen:
erfasste einen großen Wedel und besprengte, nachdem sie   kleines Fräulein
ihn in einen kupfernen Kessel getaucht, den Kamin. Da er-
losch das Feuer und wie von dickem Rauch erfüllt, wurde
15 es stockfinster in der Stube; aber bald trat die Alte, die in
ein Kämmerchen gegangen, mit einem angezündeten
Lichte wieder herein und Veronika erblickte nichts mehr
von den Tieren, von den Gerätschaften, es war eine gewöhnliche ärmlich ausstaffierte Stube. Die Alte trat ihr nä-
20 her und sagte mit schnarrender Stimme: »Ich weiß wohl,
was du bei mir willst, mein Töchterchen; was gilt es, du
möchtest erfahren, ob du den Anselmus heiraten wirst,
wenn er Hofrat worden.« – Veronika erstarrte vor Staunen
und Schreck, aber die Alte fuhr fort: »Du hast mir ja schon
25 alles gesagt zu Hause beim Papa, als die Kaffeekanne vor
dir stand, *ich* war ja die Kaffeekanne, hast du mich denn
nicht gekannt? Töchterchen, höre! Lass ab, lass ab von
dem Anselmus, das ist ein garstiger Mensch, der hat meinen Söhnlein ins Gesicht getreten, meinen lieben Söhnlein,
30 den Äpfelchen mit den roten Backen, die, wenn sie die Leute gekauft haben, ihnen wieder aus den Taschen in meinen
Korb zurückrollen. Er hält's mit dem Alten, er hat mir vor-
gestern den verdammten Auripigment ins Gesicht gegos-   Auripigment:
sen, dass ich beinahe darüber erblindet, du kannst noch   Pulver aus
35 die Brandflecken sehen, Töchterchen! Lass ab von ihm,   Schwefel und
lass ab! – Er liebt dich nicht, denn er liebt die goldgrüne   Arsen

Schlange, er wird niemals Hofrat werden, weil er sich bei den Salamandern anstellen lassen, und er will die grüne Schlange heiraten, lass ab von ihm, lass ab!« – Veronika, die eigentlich ein festes standhaftes Gemüt hatte und mädchenhaften Schreck bald zu überwinden wusste, trat einen 5 Schritt zurück und sprach mit ernsthaftem gefassten Ton: »Alte! Ich habe von Eurer Gabe, in die Zukunft zu blicken, gehört und wollte darum, vielleicht zu neugierig und voreilig, von Euch wissen, ob wohl Anselmus, den ich liebe und hochschätze, jemals mein werden würde. Wollt Ihr mich 10 daher, statt meinen Wunsch zu erfüllen, mit Eurem tollen unsinnigen Geschwätze necken, so tut Ihr Unrecht, denn ich habe nur gewollt, was Ihr andern, wie ich weiß, gewährtet. Da Ihr, wie es scheint, meine innigsten Gedanken wisset, so wäre es Euch vielleicht ein Leichtes gewesen, 15 mir manches zu enthüllen, was mich jetzt quält und ängstigt, aber nach Euern albernen Verleumdungen des guten Anselmus mag ich von Euch weiter nichts erfahren. Gute Nacht!« – Veronika wollte davoneilen, da fiel die Alte weinend und jammernd auf die Kniee nieder und rief, das 20 Mädchen am Kleide festhaltend: »Veronikchen, kennst du denn die alte Liese nicht mehr, die dich so oft auf den Armen getragen und gepflegt und gehätschelt?« Veronika traute kaum ihren Augen; denn sie erkannte ihre, freilich nur durch hohes Alter und vorzüglich durch die Brandfle- 25 cke entstellte ehemalige Wärterin, die vor mehreren Jahren aus des Konrektor Paulmanns Hause verschwand. Die Alte sah auch nun ganz anders aus, sie hatte statt des hässlichen buntgefleckten Tuchs eine ehrbare Haube und statt der schwarzen Lumpen eine großblumichte Jacke an, wie 30 sie sonst wohl gekleidet gegangen. Sie stand vom Boden auf und fuhr, Veronika in ihre Arme nehmend, fort: »Es mag dir alles, was ich dir gesagt, wohl recht toll vorkommen, aber es ist leider dem so. Der Anselmus hat mir viel zuleide getan, doch wider seinen Willen; er ist dem Archi- 35 varius Lindhorst in die Hände gefallen und der will ihn mit

Wärterin:
hier Kinderfrau

seiner Tochter verheiraten. Der Archivarius ist mein größter Feind und ich könnte dir allerlei Dinge von ihm sagen, die würdest du aber nicht verstehen oder dich doch sehr entsetzen. Er ist der weise Mann, aber ich bin die weise
5 Frau – es mag darum sein! – Ich merke nun wohl, dass du den Anselmus recht lieb hast, und ich will dir mit allen Kräften beistehen, dass du recht glücklich werden und fein ins Ehebette kommen sollst, wie du es wünschest.« – »Aber sage Sie mir um des Himmels willen, Liese!«, fiel Ve-
10 ronika ein – »Still, Kind – still!«, unterbrach sie die Alte, »ich weiß, was du sagen willst, ich bin das worden, was ich bin, weil ich es werden musste, ich konnte nicht anders. Nun also! – Ich kenne das Mittel, das den Anselmus von der törichten Liebe zur grünen Schlange heilt und ihn als
15 den liebenswürdigsten Hofrat in deine Arme führt; aber du musst helfen.« – »Sage es nur gerade heraus, Liese! Ich will ja alles tun, denn ich liebe den Anselmus sehr!«, lispelte Veronika kaum hörbar. – »Ich kenne dich«, fuhr die Alte fort, »als ein beherztes Kind, vergebens habe ich dich mit dem
20 Wauwau zum Schlaf treiben wollen, denn gerade alsdann öffnetest du die Augen, um den Wauwau zu sehen; du gingst ohne Licht in die hinterste Stube und erschrecktest oft in des Vaters Pudermantel des Nachbars Kinder. Nun also! – Ist's dir Ernst, durch meine Kunst den Archivarius
25 Lindhorst und die grüne Schlange zu überwinden, ist's dir Ernst, den Anselmus als Hofrat deinen Mann zu nennen, so schleiche dich in der künftigen Tag- und Nachtgleiche nachts um eilf Uhr aus des Vaters Hause und komme zu mir; ich werde dann mit dir auf den Kreuzweg gehen, der
30 unfern das Feld durchschneidet, wir bereiten das Nötige und alles Wunderliche, was du vielleicht erblicken wirst, soll dich nicht anfechten. Und nun, Töchterchen, gute Nacht, der Papa wartet schon mit der Suppe.« – Veronika eilte von dannen, fest stand bei ihr der Entschluss, die
35 Nacht des Äquinoktiums nicht zu versäumen, denn, dachte sie, die Liese hat recht, der Anselmus ist verstrickt in

Pudermantel: zum Schutz der Kleidung beim Pudern des Haars

wunderliche Bande, aber ich erlöse ihn daraus und nenne ihn mein immerdar und ewiglich, mein ist und bleibt er, der Hofrat Anselmus.

SECHSTE VIGILIE

Der Garten des Archivarius Lindhorst
nebst einigen Spottvögeln – Der goldne Topf – Die englische
Kursivschrift – Schnöde Hahnenfüße – Der Geisterfürst

Hahnenfüße:
misslungene
Schriftzeichen

5 »Es kann aber auch sein«, sprach der Student Anselmus zu
sich selbst, »dass der superfeine starke Magenlikör, den ich
bei dem Monsieur Conradi etwas begierig genossen, alle
die tollen Fantasmata geschaffen, die mich vor der Haustür
des Archivarius Lindhorst ängsteten. Deshalb bleibe ich
10 heute ganz nüchtern und will nun wohl allem weitern Un-
gemach, das mir begegnen könnte, Trotz bieten.« – So wie
damals, als er sich zum ersten Besuch bei dem Archivarius
Lindhorst rüstete, steckte er seine Federzeichnungen und
kalligrafischen Kunstwerke, seine Tuschstangen, seine
15 wohlgespitzten Rabenfedern ein und schon wollte er zur
Tür hinausschreiten, als ihm das Fläschchen mit dem gelben Liquor in die Augen fiel, das er von dem Archivarius
Lindhorst erhalten. Da gingen ihm wieder all die seltsamen
Abenteuer, welche er erlebt, mit glühenden Farben durch
20 den Sinn und ein namenloses Gefühl von Wonne und
Schmerz durchschnitt seine Brust. Unwillkürlich rief er mit
recht kläglicher Stimme aus:»Ach, gehe ich denn nicht
zum Archivarius, nur um dich zu sehen, du holde liebliche
Serpentina?« – Es war ihm in dem Augenblick so, als kön-
25 ne Serpentinas Liebe der Preis einer mühevollen gefähr-
lichen Arbeit sein, die er unternehmen müsste, und diese
Arbeit sei keine andere als das Kopieren der Lindhorsti-
schen Manuskripte. – Dass ihm schon bei dem Eintritt ins
Haus oder vielmehr noch vor demselben allerlei Wunder-
30 liches begegnen könne wie neulich, davon war er überzeugt. Er dachte nicht mehr an Conradis Magenwasser,
sondern steckte schnell den Liquor in die Westentasche,
um ganz nach des Archivarius Vorschrift zu verfahren,
wenn das bronzierte Äpfelweib sich unterstehen sollte, ihn

anzugrinsen. – Erhob sich denn nicht auch wirklich gleich die spitze Nase, funkelten nicht die Katzenaugen aus dem Türdrücker, als er ihn auf den Schlag zwölf Uhr ergreifen wollte?

Da spritzte er, ohne sich weiter zu bedenken, den Liquor in 5 das fatale Gesicht hinein und es glättete und plättete sich augenblicklich aus zum glänzenden kugelrunden Türklopfer. Die Tür ging auf, die Glocken läuteten gar lieblich durch das ganze Haus: klingling – Jüngling – flink – flink – spring – spring – klingling. – Er stieg getrost die schöne breite 10 Treppe hinauf und weidete sich an dem Duft des seltenen Räucherwerks, der durch das Haus floss. Ungewiss blieb er auf dem Flur stehen, denn er wusste nicht, an welche der vielen schönen Türen er wohl pochen sollte; da trat der Archivarius Lindhorst in einem weiten damastnen Schlaf- 15 rock heraus und rief:»Nun, es freut mich, Herr Anselmus, dass Sie endlich Wort halten, kommen Sie mir nur nach, denn ich muss Sie ja doch wohl gleich ins Laboratorium führen.« Damit schritt er schnell den langen Flur hinauf und öffnete eine kleine Seitentür, die in einen Korridor 20 führte. Anselmus schritt getrost hinter dem Archivarius her; sie kamen aus dem Korridor in einen Saal oder vielmehr in ein herrliches Gewächshaus, denn von beiden Seiten bis an die Decke hinauf standen allerlei seltene wunderbare Blumen, ja große Bäume mit sonderbar gestalteten 25 Blättern und Blüten. Ein magisches blendendes Licht verbreitete sich überall, ohne dass man bemerken konnte, wo es herkam, da durchaus kein Fenster zu sehen war. Sowie der Student Anselmus in die Büsche und Bäume hineinblickte, schienen lange Gänge sich in weiter Ferne auszu- 30 dehnen. – Aus dem tiefen Dunkel dicker Zypressenstauden schimmerten Marmorbecken, aus denen sich wunderliche Figuren erhoben, Kristallenstrahlen hervorspritzend, die plätschernd niederfielen in leuchtende Lilienkelche; seltsame Stimmen rauschten und säuselten durch den Wald der 35 wunderbaren Gewächse und herrliche Düfte strömten auf

damastnen: aus Damast, einem orientalischen Seidenstoff

und nieder. Der Archivarius war verschwunden und Anselmus erblickte nur einen riesenhaften Busch glühender
Feuerlilien vor sich. Von dem Anblick, von den süßen Düften des Feengartens berauscht, blieb Anselmus festgezau-
5 bert stehen. Da fing es überall an zu kickern und zu lachen
und feine Stimmchen neckten und höhnten: »Herr Studiosus, Herr Studiosus! Wo kommen Sie denn her? Warum haben Sie sich denn so schön geputzt, Herr Anselmus? – Wollen Sie eins mit uns plappern, wie die Großmutter das Ei
10 mit dem Steiß zerdrückte und der Junker einen Klecks auf
die Sonntagsweste bekam? Können Sie die neue Arie schon
auswendig, die Sie vom Papa Starmatz gelernt, Herr Anselmus? – Sie sehen recht possierlich aus in der gläsernen Perücke und den postpapiernen Stülpstiefeln!« – So rief und
15 kickerte und neckte es aus allen Winkeln hervor – ja, dicht
neben dem Studenten, der nun erst wahrnahm, wie allerlei
bunte Vögel ihn umflatterten und ihn so in vollem Gelächter aushöhnten. – In dem Augenblick schritt der Feuer-
lilienbusch auf ihn zu und er sah, dass es der Archivarius
20 Lindhorst war, dessen blumichter in Gelb und Rot glänzender Schlafrock ihn nur getäuscht hatte. »Verzeihen Sie,
werter Herr Anselmus«, sagte der Archivarius, »dass ich
Sie stehen ließ, aber vorübergehend sah ich nur nach meinem schönen *Cactus,* der diese Nacht seine Blüten auf-
25 schließen wird – aber wie gefällt Ihnen denn mein kleiner
Hausgarten?« – »Ach Gott, über alle Maßen schön ist es
hier, geschätztester Herr Archivarius«, erwiderte der Student, »aber die bunten Vögel mokieren sich über meine
Wenigkeit gar sehr!« – »Was ist denn das für ein Gewä-
30 sche?«, rief der Archivarius zornig in die Büsche hinein. Da
flatterte ein großer grauer Papagei hervor, und sich neben
dem Archivarius auf einen Myrtenast setzend und ihn ungemein ernsthaft und gravitätisch durch eine Brille, die auf
dem krummen Schnabel saß, anblickend, schnarrte er:
35 »Nehmen Sie es nicht übel, Herr Archivarius, meine mutwilligen Buben sind einmal wieder recht ausgelassen, aber

sich mokieren:
sich lustig
machen

der Herr Studiosus sind selbst daran schuld, denn« – »Still
da, still da!«, unterbrach der Archivarius den Alten, »ich
kenne die Schelme, aber Er sollte sie besser in Zucht halten, mein Freund! – Gehen wir weiter, Herr Anselmus!« –
Noch durch manches fremdartig aufgeputzte Gemach 5
schritt der Archivarius, sodass der Student ihm kaum folgen und einen Blick auf all die glänzenden sonderbar ge-
formten Mobilien und andere unbekannte Sachen werfen
konnte, womit alles überfüllt war. Endlich traten sie in ein
großes Gemach, in dem der Archivarius, den Blick in die 10
Höhe gerichtet, stehen blieb und Anselmus Zeit gewann,
sich an dem herrlichen Anblick, den der einfache Schmuck
dieses Saals gewährte, zu weiden. Aus den azurblauen
Wänden traten die goldbronzenen Stämme hoher Palmbäume hervor, welche ihre kolossalen, wie funkelnde Sma- 15
ragden glänzenden Blätter oben zur Decke wölbten; in der
Mitte des Zimmers ruhte auf drei aus dunkler Bronze ge-
gossenen ägyptischen Löwen eine Porphyrplatte, auf welcher ein einfacher goldener Topf stand, von dem, als er ihn
erblickte, Anselmus nun gar nicht mehr die Augen weg- 20
wenden konnte. Es war, als spielten in tausend schimmernden Reflexen allerlei Gestalten auf dem strahlend
polierten Golde – manchmal sah er sich selbst mit sehn-
süchtig ausgebreiteten Armen – ach! neben dem Holunderbusch – Serpentina schlängelte sich auf und nieder, ihn 25
anblickend mit den holdseligen Augen. Anselmus war außer sich vor wahnsinnigem Entzücken. »Serpentina! – Serpentina!«, schrie er laut auf, da wandte sich der Archivarius
Lindhorst schnell um und sprach: »Was meinen Sie, werter
Herr Anselmus? – Ich glaube, Sie belieben meine Tochter 30
zu rufen, die ist aber ganz auf der andern Seite meines
Hauses in ihrem Zimmer und hat soeben Klavierstunde,
kommen Sie nur weiter.« Anselmus folgte beinahe besinnungslos dem davonschreitenden Archivarius, er sah und
hörte nichts mehr, bis ihn der Archivarius heftig bei der 35
Hand ergriff und sprach: »Nun sind wir an Ort und Stelle!«

Mobilien:
hier Möbel

Porphyr:
vulkanisches
Gestein mit
eingesprengten
Kristallen

Anselmus erwachte wie aus einem Traum und bemerkte nun, dass er sich in einem hohen rings mit Bücherschränken umstellten Zimmer befand, welches sich in keiner Art von gewöhnlichen Bibliothek- und Studierzimmern unter-
5 schied. In der Mitte stand ein großer Arbeitstisch und ein gepolsterter Lehnstuhl vor demselben. »Dieses«, sagte der Archivarius Lindhorst, »ist vorderhand Ihr Arbeitszimmer, ob Sie künftig auch in dem andern blauen Bibliotheksaal, in dem Sie so plötzlich meiner Tochter Namen riefen, ar-
10 beiten werden, weiß ich noch nicht; – aber nun wünschte ich mich erst von Ihrer Fähigkeit, die Ihnen zugedachte Arbeit wirklich meinem Wunsch und Bedürfnis gemäß auszuführen, zu überzeugen.« Der Student Anselmus ermutigte sich nun ganz und gar und zog nicht ohne innere
15 Selbstzufriedenheit und in der Überzeugung, den Archivarius durch sein ungewöhnliches Talent höchlich zu erfreuen, seine Zeichnungen und Schreibereien aus der Tasche. Der Archivarius hatte kaum das erste Blatt, eine Handschrift in der elegantesten englischen Schreibmanier, er-
20 blickt, als er recht sonderbar lächelte und mit dem Kopfe schüttelte. Das wiederholte er bei jedem folgenden Blatte, sodass dem Studenten Anselmus das Blut in den Kopf stieg und er, als das Lächeln zuletzt recht höhnisch und verächtlich wurde, in vollem Unmute losbrach: »Der Herr Archiva-
25 rius scheinen mit meinen geringen Talenten nicht ganz zufrieden?« – »Lieber Herr Anselmus«, sagte der Archivarius Lindhorst, »Sie haben für die Kunst des Schönschreibens wirklich treffliche Anlagen, aber vorderhand, sehe ich wohl, muss ich mehr auf Ihren Fleiß, auf Ihren guten Wil-
30 len rechnen als auf Ihre Fertigkeit. Es mag auch wohl an den schlechten Materialien liegen, die Sie verwandt.« – Der Student Anselmus sprach viel von seiner sonst anerkannten Kunstfertigkeit, von chinesischer Tusche und ganz auserlesenen Rabenfedern. Da reichte ihm der Archi-
35 varius Lindhorst das englische Blatt hin und sprach: »Urteilen Sie selbst!« – Anselmus wurde wie vom Blitz getrof-

in englischer
Schreibmanier:
in lateinischer
Schreibschrift

fen, als ihm seine Handschrift so höchst miserabel vorkam. Da war keine Ründe in den Zügen, kein Druck richtig, kein Verhältnis der großen und kleinen Buchstaben, ja! schülermäßige schnöde Hahnenfüße verdarben oft die sonst ziemlich geratene Zeile. »Und dann«, fuhr der Archivarius 5 Lindhorst fort, »ist Ihre Tusche auch nicht haltbar.« Er tunkte den Finger in ein mit Wasser gefülltes Glas, und indem er nur leicht auf die Buchstaben tupfte, war alles spurlos verschwunden. Dem Studenten Anselmus war es, als schnüre ein Ungetüm ihm die Kehle zusammen – er konn- 10 te kein Wort herausbringen. So stand er da, das unglückliche Blatt in der Hand, aber der Archivarius Lindhorst lachte laut auf und sagte:»Lassen Sie sich das nicht anfechten, wertester Herr Anselmus; was Sie bisher nicht vollbringen konnten, wird hier bei mir sich vielleicht besser fügen; oh- 15 nedies finden Sie ein besseres Material, als Ihnen sonst wohl zu Gebote stand! – Fangen Sie nur getrost an!« – Der Archivarius Lindhorst holte erst eine flüssige schwarze Masse, die einen ganz eigentümlichen Geruch verbreitete, sonderbar gefärbte scharf zugespitzte Federn und ein Blatt 20 von besonderer Weiße und Glätte, dann aber ein arabisches Manuskript aus einem verschlossenen Schranke herbei, und sowie Anselmus sich zur Arbeit gesetzt, verließ er das Zimmer. Der Student Anselmus hatte schon öfters arabische Schrift kopiert, die erste Aufgabe schien ihm daher 25 nicht so schwer zu lösen. »Wie die Hahnenfüße in meine schöne englische Kursivschrift gekommen, mag Gott und der Archivarius Lindhorst wissen«, sprach er, »aber dass sie nicht von *meiner* Hand sind, darauf will ich sterben.« – Mit jedem Worte, das nun wohlgelungen auf dem Perga- 30 mente stand, wuchs sein Mut und mit ihm seine Geschicklichkeit. In der Tat schrieb es sich mit den Federn auch ganz herrlich und die geheimnisvolle Tinte floss rabenschwarz und gefügig auf das blendend weiße Pergament. Als er nun so emsig und mit angestrengter Aufmerksam- 35 keit arbeitete, wurde es ihm immer heimlicher in dem ein-

samen Zimmer und er hatte sich schon ganz in das Geschäft, welches er glücklich zu vollenden hoffte, geschickt,
als auf den Schlag drei Uhr ihn der Archivarius in das Ne-
benzimmer zu dem wohlbereiteten Mittagsmahl rief. Bei
5 Tische war der Archivarius Lindhorst bei ganz besonderer
heitrer Laune; er erkundigte sich nach des Studenten Anselmus Freunden, dem Konrektor Paulmann und dem Registrator Heerbrand, und wusste vorzüglich von dem Letz-
tern recht viel Ergötzliches zu erzählen. Der gute alte
10 Rheinwein schmeckte dem Anselmus gar sehr und machte
ihn gesprächiger, als er wohl sonst zu sein pflegte. Auf den
Schlag vier Uhr stand er auf, um an seine Arbeit zu gehen,
und diese Pünktlichkeit schien dem Archivarius Lindhorst
wohl zu gefallen. War ihm schon vor dem Essen das Kopie-
15 ren der arabischen Zeichen geglückt, so ging die Arbeit
jetzt noch viel besser vonstatten, ja er konnte selbst die
Schnelle und Leichtigkeit nicht begreifen, womit er die
krausen Züge der fremden Schrift nachzumalen vermochte. – Aber es war, als flüstre aus dem innersten Gemüte ei-
20 ne Stimme in vernehmlichen Worten: »Ach! Könntest du
denn das vollbringen, wenn du *sie* nicht in Sinn und Gedanken trügest, wenn du nicht an *sie,* an ihre Liebe glaub-
test?« – Da wehte es wie in leisen, leisen, lispelnden Kris-
tallklängen durch das Zimmer: »Ich bin dir nahe – nahe
25 – nahe! – Ich helfe dir! – Sei mutig – sei standhaft, lieber
Anselmus! – Ich mühe mich mit dir, damit du mein werdest!« Und sowie er voll innern Entzückens die Töne vernahm, wurden ihm immer verständlicher die unbekannten
Zeichen – er durfte kaum mehr hineinblicken in das Origi-
30 nal – ja es war, als stünden schon wie in blasser Schrift die
Zeichen auf dem Pergament und er dürfe sie nur mit geüb-
ter Hand schwarz überziehen. So arbeitete er fort von lieblichen tröstenden Klängen wie vom süßen zarten Hauch
umflossen, bis die Glocke sechs Uhr schlug und der Archi-
35 varius Lindhorst in das Zimmer trat. Er ging sonderbar lächelnd an den Tisch, Anselmus stand schweigend auf, der

Archivarius sah ihn noch immer so wie in höhnendem Spott lächelnd an, kaum hatte er aber in die Abschrift geblickt, als das Lächeln in dem tiefen feierlichen Ernst unterging, zu dem sich alle Muskeln des Gesichts verzogen. – Bald schien er nicht mehr derselbe. Die Augen, welche sonst funkelndes Feuer strahlten, blickten jetzt mit unbeschreiblicher Milde den Anselmus an, eine sanfte Röte färbte die bleichen Wangen und statt der Ironie, die sonst den Mund zusammenpresste, schienen die weichgeformten anmutigen Lippen sich zu öffnen zur weisheitvollen ins Gemüt dringenden Rede. – Die ganze Gestalt war höher, würdevoller; der weite Schlafrock legte sich wie ein Königsmantel in breiten Falten um Brust und Schultern und durch die weißen Löckchen, welche an der hohen offenen Stirn lagen, schlang sich ein schmaler goldner Reif. »Junger Mensch«, fing der Archivarius an im feierlichen Ton, »junger Mensch, ich habe, noch ehe du es ahnetest, all die geheimen Beziehungen erkannt, die dich an mein Liebstes, Heiligstes fesseln! – Serpentina liebt dich und ein seltsames Geschick, dessen verhängnisvollen Faden feindliche Mächte spannen, ist erfüllt, wenn sie dein wird, und wenn du als notwendige Mitgift den goldnen Topf erhältst, der ihr Eigentum ist. Aber nur dem Kampfe entsprießt dein Glück im höheren Leben. Feindliche Prinzipe fallen dich an und nur die innere Kraft, mit der du den Anfechtungen widerstehst, kann dich retten von Schmach und Verderben. Indem du hier arbeitest, überstehst du deine Lehrzeit; Glauben und Erkenntnis führen dich zum nahen Ziele, wenn du festhältst an dem, was du beginnen musstest. Trage *sie* recht getreulich im Gemüte, *sie,* die dich liebt, und du wirst die herrlichen Wunder des goldnen Topfs schauen und glücklich sein immerdar. – Gehab dich wohl! Der Archivarius Lindhorst erwartet dich morgen um zwölf Uhr in deinem Kabinett! – Gehab dich wohl!« – Der Archivarius schob den Studenten Anselmus sanft zur Tür hinaus, die er dann verschloss, und er befand sich in dem Zimmer, in welchem er gespeiset, dessen einzige Tür auf den Flur führte. Ganz betäubt von den wunderbaren Erscheinungen blieb er vor der Haustür stehen, da wurde über ihm ein Fenster geöffnet, er schaute hinauf, es war der Archivarius Lindhorst; ganz der Alte im weißgrauen Rocke, wie er ihn sonst gesehen. – Er rief ihm zu: »Ei, werter Herr Anselmus, worüber sinnen Sie denn so, was gilt's, das Arabische geht Ihnen nicht aus dem Kopf? Grüßen Sie doch den Herrn Konrektor Paulmann, wenn Sie etwa zu ihm gehen, und kommen Sie morgen Punkt zwölf Uhr wieder. Das Honorar für heute steckt bereits in Ihrer rechten Westentasche.« – Der Student Anselmus fand wirklich den blanken Speziestaler in der bezeichneten Tasche, aber er freute sich gar nicht darüber. – »Was aus dem allen werden wird, weiß ich nicht«, sprach er zu sich selbst, – »umfängt mich aber auch nur ein toller Wahn und Spuk, so lebt und webt doch in meinem Innern die liebliche Serpentina, und ich will, ehe ich von ihr lasse, lieber untergehen ganz und gar, denn ich weiß doch, dass der Gedanke in mir ewig ist, und kein feindliches Prinzip kann ihn vernichten; aber ist der Gedanke denn was anders als Serpentinas Liebe?«

Wie der Konrektor Paulmann die Pfeife

Rembrandt und
Höllenbreughel:
die Maler Rem-
brandt Harmens-
zoon van Rijn
(1606–1669)
und Pieter
Brueghel d. J.
(1564–1638)

*ausklopfte und zu Bett ging – Rembrandt und Höllenbreughel
– Der Zauberspiegel und des Doktors Eckstein Rezept gegen
eine unbekannte Krankheit* 5

Endlich klopfte der Konrektor Paulmann die Pfeife aus,
sprechend:»Nun ist es doch wohl Zeit, sich zur Ruhe zu
begeben.« – »Jawohl«, erwiderte die durch des Vaters län-
geres Aufbleiben beängstete Veronika: Denn es schlug
längst zehn Uhr. Kaum war nun der Konrektor in sein Stu- 10
dier- und Schlafzimmer gegangen, kaum hatten Fränz-
chens schwerere Atemzüge kundgetan, dass sie wirklich
fest eingeschlafen, als Veronika, die sich zum Schein auch
ins Bett gelegt, leise, leise wieder aufstand, sich anzog, den
Mantel umwarf und zum Hause hinausschlüpfte. – Seit 15
dem Augenblick, als Veronika die alte Liese verlassen,
stand ihr unaufhörlich der Anselmus vor Augen und sie
wusste selbst nicht, welch eine fremde Stimme im Innern
ihr immer und ewig wiederholte, dass sein Widerstreben
von einer ihr feindlichen Person herrühre, die ihn in Ban- 20
den halte, welche Veronika durch geheimnisvolle Mittel
der magischen Kunst zerreißen könne. Ihr Vertrauen auf
die alte Liese wuchs mit jedem Tage und selbst der Eindruck des Unheimlichen, Grausigen stumpfte sich ab, sodass alles Wunderliche, Seltsame ihres Verhältnisses mit 25
der Alten ihr nur im Schimmer des Ungewöhnlichen, Ro-
manhaften erschien, wovon sie eben recht angezogen wurde. Deshalb stand auch der Vorsatz bei ihr fest, selbst mit
Gefahr, vermisst zu werden und in tausend Unannehmlichkeiten zu geraten, das Abenteuer der Tag- und Nacht- 30
gleiche zu bestehen. Endlich war nun die verhängnisvolle
Nacht des Äquinoktiums, in der ihr die alte Liese Hülfe und
Trost verheißen, eingetreten und Veronika, mit dem Gedanken der nächtlichen Wanderung längst vertraut gewor-

den, fühlte sich ganz ermutigt. Pfeilschnell flog sie durch die einsamen Straßen, des Sturms nicht achtend, der durch die Lüfte brauste und ihr die dicken Regentropfen ins Gesicht warf. – Mit dumpfem dröhnenden Klange
5 schlug die Glocke des Kreuzturms eilf Uhr, als Veronika ganz durchnässt vor dem Hause der Alten stand. »Ei, Liebchen, Liebchen, schon da! – Nun warte, warte!«, rief es von oben herab – und gleich darauf stand auch die Alte, mit einem Korbe beladen und von ihrem Kater begleitet, vor der
10 Tür. »So wollen wir denn gehen und tun und treiben, was ziemlich ist und gedeiht in der Nacht, die dem Werke günstig«, dies sprechend, ergriff die Alte mit kalter Hand die zitternde Veronika, welcher sie den schweren Korb zu tragen gab, während sie selbst einen Kessel, Dreifuß und Spaten
15 auspackte. Als sie ins Freie kamen, regnete es nicht mehr, aber der Sturm war stärker geworden; tausendstimmig heulte es in den Lüften. Ein entsetzlicher herzzerschneidender Jammer tönte herab aus den schwarzen Wolken, die sich in schneller Flucht zusammenballten und alles
20 einhüllten in dicke Finsternis. Aber die Alte schritt rasch fort, mit gellender Stimme rufend: »Leuchte – leuchte, mein Junge!« Da schlängelten und kreuzten sich blaue Blitze vor ihnen her und Veronika wurde inne, dass der Kater knisternde Funken sprühend und leuchtend vor ihnen
25 herumsprang, und dessen ängstliches grausiges Zetergeschrei sie vernahm, wenn der Sturm nur einen Augenblick schwieg. – Ihr wollte der Atem vergehen, es war, als griffen eiskalte Krallen in ihr Inneres, aber gewaltsam raffte sie sich zusammen und sich fester an die Alte klammernd
30 sprach sie: »Nun muss alles vollbracht werden und es mag geschehen, was da will!« – »Recht so, mein Töchterchen!«, erwiderte die Alte, »bleibe fein standhaft und ich schenke dir was Schönes und den Anselmus obendrein!« Endlich stand die Alte still und sprach: »Nun sind wir an Ort und
35 Stelle!« Sie grub ein Loch in die Erde, schüttete Kohlen hinein und stellte den Dreifuß darüber, auf den sie den Kessel

ziemlich: angemessen

Dreifuß: dreifüßiges Gestell als Untersatz für Töpfe etc.

setzte. Alles dieses begleitete sie mit seltsamen Gebärden, während der Kater sie umkreiste. Aus seinem Schweif sprühten Funken, die einen Feuerreif bildeten. Bald fingen die Kohlen an zu glühen und endlich schlugen blaue Flammen unter dem Dreifuß hervor. Veronika musste Mantel und Schleier ablegen und sich bei der Alten niederkauern, die ihre Hände ergriff und fest drückte, mit den funkelnden Augen das Mädchen anstarrend. Nun fingen die sonderbaren Massen – waren es Blumen – Metalle – Kräuter – Tiere, man konnte es nicht unterscheiden –, die die Alte aus dem Korbe genommen und in den Kessel geworfen, an zu sieden und zu brausen. Die Alte ließ Veronika los, sie ergriff einen eisernen Löffel, mit dem sie in die glühende Masse hineinfuhr und darin rührte, während Veronika auf ihr Geheiß festen Blickes in den Kessel hineinschauen und ihre Gedanken auf den Anselmus richten musste. Nun warf die Alte aufs Neue blinkende Metalle und auch eine Haarlocke, die sich Veronika vom Kopfwirbel geschnitten, sowie einen kleinen Ring, den sie lange getragen, in den Kessel, indem sie unverständliche, durch die Nacht grausig gellende Töne ausstieß und der Kater im unaufhörlichen Rennen winselte und ächzte. – – Ich wollte, dass du, günstiger Leser! am dreiundzwanzigsten September auf der Reise nach Dresden begriffen gewesen wärest; vergebens suchte man, als der späte Abend hereinbrach, dich auf der letzten Station aufzuhalten; der freundliche Wirt stellte dir vor, es stürme und regne doch gar zu sehr und überhaupt sei es auch nicht geheuer, in der Äquinoktialnacht so ins Dunkle hineinzufahren, aber du achtetest dessen nicht, indem du ganz richtig annahmst: Ich zahle dem Postillion einen ganzen Taler Trinkgeld und bin spätestens um ein Uhr in Dresden, wo mich im Goldnen Engel oder im Helm oder in der Stadt Naumburg ein gut zugerichtetes Abendessen und ein weiches Bett erwartet. Wie du nun so in der Finsternis daherfährst, siehst du plötzlich in der Ferne ein ganz seltsames flackerndes Leuchten. Näher gekommen, erblickst du

Postillion: Kutscher der Postkutsche

einen Feuerreif, in dessen Mitte bei einem Kessel, aus dem dicker Qualm und blitzende rote Strahlen und Funken emporschießen, zwei Gestalten sitzen. Gerade durch das Feuer geht der Weg, aber die Pferde prusten und stampfen und bäumen sich – der Postillion flucht und betet – und peitscht auf die Pferde hinein – sie gehen nicht von der Stelle. – Unwillkürlich springst du aus dem Wagen und rennst einige Schritte vorwärts. Nun siehst du deutlich das schlanke holde Mädchen, die im weißen dünnen Nachtgewande bei dem Kessel kniet. Der Sturm hat die Flechten aufgelöst und das lange kastanienbraune Haar flattert frei in den Lüften. Ganz im blendenden Feuer der unter dem Dreifuß emporflackernden Flammen steht das engelschöne Gesicht, aber in dem Entsetzen, das seinen Eisstrom darüber goss, ist es erstarrt zur Totenbleiche, und in dem stieren Blick, in den hinaufgezogenen Augenbrauen, in dem Munde, der sich vergebens dem Schrei der Todesangst öffnet, welcher sich nicht entwinden kann der von namenloser Folter gepressten Brust, siehst du ihr Grausen, ihr Entsetzen; die kleinen Händchen hält sie krampfhaft zusammengefaltet in die Höhe, als riefe sie betend die Schutzengel herbei, sie zu schirmen vor den Ungetümen der Hölle, die dem mächtigen Zauber gehorchend nun gleich erscheinen werden! – So kniet sie da unbeweglich wie ein Marmorbild. Ihr gegenüber sitzt auf dem Boden niedergekauert ein langes, hageres, kupfergelbes Weib mit spitzer Habichtsnase und funkelnden Katzenaugen; aus dem schwarzen Mantel, den sie umgeworfen, starren die nackten knöchernen Arme hervor, und rührend in dem Höllensud lacht und ruft sie mit krächzender Stimme durch den brausenden tosenden Sturm. – Ich glaube wohl, dass dir, günstiger Leser! kenntest du auch sonst keine Furcht und Scheu, sich doch bei dem Anblick dieses Rembrandt'schen oder Höllenbreughel'schen Gemäldes, das nun ins Leben getreten, vor Grausen die Haare auf dem Kopfe gesträubt hätten. Aber dein Blick konnte nicht loskommen von dem im höllischen Treiben befangenen Mädchen und der elektrische Schlag, der durch alle deine Fibern und Nerven zitterte, entzündete mit der Schnelligkeit des Blitzes in dir den mutigen Gedanken, Trotz zu bieten den geheimnisvollen Mächten des Feuerkreises; in ihm ging dein Grausen unter, ja der Gedanke selbst keimte auf in diesem Grausen und Entsetzen als dessen Erzeugnis. Es war dir, als seist du selbst der Schutzengel einer, zu denen das zum Tode geängstigte Mädchen flehte, ja als müsstest du nur gleich dein Taschenpistol hervorziehen und die Alte ohne Weiteres totschießen! Aber indem du das lebhaft dachtest, schriest du laut auf: »Heda!« oder: »Was gibt es dorten« oder: »Was treibt ihr da!« – Der Postillion stieß schmetternd in sein Horn, die Alte kugelte um in ihren Sud hinein und alles war mit einem Mal verschwunden in dickem Qualm. – Ob du das Mädchen, das du nun mit recht innigem Verlangen in der Finsternis suchtest, gefunden hättest, mag ich nicht behaupten, aber den Spuk des alten Weibes hattest du zerstört und den Bann des magischen Kreises, in den sich Veronika leichtsinnig begeben, gelöset. – Weder du, günstiger Leser! noch sonst jemand fuhr oder ging aber am dreiundzwanzigsten September in der stürmischen, den Hexenkünsten günstigen Nacht des Weges und Veronika musste ausharren am Kessel in tödlicher Angst, bis das Werk der Vollendung nahe. – Sie vernahm wohl, wie es um sie her heulte und brauste, wie allerlei widrige Stimmen durcheinander blökten und schnatterten, aber sie schlug die Augen nicht auf, denn sie fühlte, wie der Anblick des Grässlichen, des Entsetzlichen, von dem sie umgeben, sie in unheilbaren zerstörenden Wahnsinn stürzen könne. Die Alte hatte aufgehört im Kessel zu rühren, immer schwächer und schwächer wurde der Qualm und zuletzt brannte nur eine leichte Spiritusflamme im Boden des Kessels. Da rief die Alte: »Veronika, mein Kind! Mein Liebchen! Schau hinein in den Grund! – Was siehst du denn – was siehst du denn?« – Aber Veronika

vermochte nicht zu antworten, unerachtet es ihr schien, als drehten sich allerlei verworrene Figuren im Kessel durcheinander; immer deutlicher und deutlicher gingen Gestalten hervor und mit einem Mal trat, sie freundlich an-
5 blickend und die Hand ihr reichend, der Student Anselmus aus der Tiefe des Kessels. Da rief sie laut: »Ach, der Anselmus! – Der Anselmus!« – Rasch öffnete die Alte den am Kessel befindlichen Hahn und glühendes Metall strömte zischend und prasselnd in eine kleine Form, die sie dane-
10 bengestellt. Nun sprang das Weib auf und kreischte, mit wilder grässlicher Gebärde sich herumschwingend: »Voll-endet ist das Werk – Dank dir mein Junge! – Hast Wache gehalten – Hui – Hui – er kommt! – Beiß' ihn tot – beiß' ihn tot!« Aber da brauste es mächtig durch die Lüfte, es war,
15 als rausche ein ungeheurer Adler herab, mit den Fittigen um sich schlagend, und es rief mit entsetzlicher Stimme: »Hei, hei! – Ihr Gesindel! Nun ist's aus – nun ist's aus – fort zu Haus!« Die Alte stürzte heulend nieder, aber der Veroni-ka vergingen Sinn und Gedanken. – Als sie wieder zu sich
20 selbst kam, war es heller Tag geworden, sie lag in ihrem Bette und Fränzchen stand mit einer Tasse dampfenden Tees vor ihr, sprechend: »Aber sage mir nur, Schwester, was dir ist, da stehe ich nun schon eine Stunde oder länger vor dir und du liegst wie in der Fieberhitze besinnungslos da
25 und stöhnst und ächzest, dass uns angst und bange wird. Der Vater ist deinetwegen heute nicht in die Klasse gegan-gen und wird gleich mit dem Herrn Doktor hereinkom-men.« – Veronika nahm schweigend den Tee; indem sie ihn hinunterschlürfte, traten ihr die grässlichen Bilder der
30 Nacht lebhaft vor Augen. »So war denn wohl alles nur ein ängstlicher Traum, der mich gequält hat? – Aber ich bin doch gestern Abend wirklich zur Alten gegangen, es war ja der dreiundzwanzigste September? – Doch bin ich wohl schon gestern recht krank geworden und habe mir das al-
35 les nur eingebildet und nichts hat mich krank gemacht als das ewige Denken an den Anselmus und an die wunder-

liche alte Frau, die sich für die Liese ausgab und mich wohl nur damit geneckt hat.« – Fränzchen, die hinausgegangen, trat wieder herein mit Veronikas ganz durchnässtem Mantel in der Hand. »Sieh nur, Schwester!«, sagte sie, »wie es deinem Mantel ergangen ist; da hat der Sturm in der Nacht ₅ das Fenster aufgerissen und den Stuhl, auf dem der Mantel lag, umgeworfen; da hat es nun wohl hineingeregnet, denn der Mantel ist ganz nass.« – Das fiel der Veronika schwer aufs Herz, denn sie merkte nun wohl, dass nicht ein Traum sie gequält, sondern dass sie wirklich bei der Alten gewe- ₁₀ sen. Da ergriff sie Angst und Grausen und ein Fieberfrost zitterte durch alle Glieder. Im krampfhaften Erbeben zog sie die Bettdecke fest über sich, aber da fühlte sie, dass etwas Hartes ihre Brust drückte, und als sie mit der Hand danach fasste, schien es ein Medaillon zu sein; sie zog es her- ₁₅ vor, als Fränzchen mit dem Mantel fortgegangen, und es war ein kleiner runder hell polierter Metallspiegel. »Das ist ein Geschenk der Alten«, rief sie lebhaft und es war, als schössen feurige Strahlen aus dem Spiegel, die in ihr Innerstes drangen und es wohltuend erwärmten. Der Fieber- ₂₀ frost war vorüber und es durchströmte sie ein unbeschreibliches Gefühl von Behaglichkeit und Wohlsein. – An den Anselmus musste sie denken, und als sie immer fester und fester den Gedanken auf ihn richtete, da lächelte er ihr freundlich aus dem Spiegel entgegen wie ein lebhaftes Mi- ₂₅ niatur-Porträt. Aber bald war es ihr, als sähe sie nicht mehr das Bild – nein! –, sondern den Studenten Anselmus selbst leibhaftig. Er saß in einem hohen seltsam ausstaffierten Zimmer und schrieb emsig. Veronika wollte zu ihm hintreten, ihn auf die Schulter klopfen und sprechen: »Herr An- ₃₀ selmus, schauen Sie doch um sich, ich bin ja da!« Aber das ging durchaus nicht an, denn es war, als umgäbe ihn ein leuchtender Feuerstrom, und wenn Veronika recht genau hinsah, waren es doch nur große Bücher mit vergoldetem Schnitt. Aber endlich gelang es der Veronika, den Ansel- ₃₅ mus ins Auge zu fassen; da war es, als müsse er im Anschauen sich erst auf sie besinnen, doch endlich lächelte er und sprach: »Ach! – Sind Sie es, liebe Mademoiselle Paulmann? Aber warum belieben Sie sich denn zuweilen als ein Schlänglein zu gebärden?« Veronika musste über diese seltsamen Worte laut auflachen; darüber erwachte sie wie aus einem tiefen Traume und sie verbarg schnell den kleinen Spiegel, als die Tür aufging und der Konrektor Paulmann mit dem Doktor Eckstein ins Zimmer kam. Der Doktor Eckstein ging sogleich ans Bett, fasste, lange in tiefem Nachdenken versunken, Veronikas Puls und sagte dann: »Ei! – Ei!« Hierauf schrieb er ein Rezept, fasste noch einmal den Puls, sagte wiederum: »Ei! Ei!« und verließ die Patientin. Aus diesen Äußerungen des Doktors Eckstein konnte aber der Konrektor Paulmann nicht recht deutlich entnehmen, was der Veronika denn wohl eigentlich fehlen möge.

ACHTE VIGILIE

Die Bibliothek der Palmbäume – Schick-
sale eines unglücklichen Salamanders – Wie die schwarze
Feder eine Runkelrübe liebkosete und der Registrator Heer-
brand sich sehr betrank 5

Der Student Anselmus hatte nun schon mehrere Tage bei
dem Archivarius Lindhorst gearbeitet; diese Arbeitsstun-
den waren für ihn die glücklichsten seines Lebens, denn
immer von lieblichen Klängen, von Serpentinas tröstenden
Worten umflossen, ja oft von einem vorübergleitenden 10
Hauche leise berührt, durchströmte ihn eine nie gefühlte
Behaglichkeit, die oft bis zur höchsten Wonne stieg. Jede
Not, jede kleinliche Sorge seiner dürftigen Existenz war
ihm aus Sinn und Gedanken entschwunden und in dem
neuen Leben, das ihm wie im hellen Sonnenglanze aufge- 15
gangen, begriff er alle Wunder einer höheren Welt, die ihn
sonst mit Staunen, ja mit Grausen erfüllt hatten. Mit dem
Abschreiben ging es sehr schnell, indem es ihn immer
mehr dünkte, er schreibe nur längst gekannte Züge auf das
Pergament hin und dürfe kaum nach dem Original sehen, 20
um alles mit der größten Genauigkeit nachzumalen. – Außer der Tischzeit ließ sich der Archivarius Lindhorst nur
dann und wann sehen, aber jedes Mal erschien er genau in
dem Augenblick, wenn Anselmus eben die letzten Zeichen
einer Handschrift vollendet hatte, und gab ihm dann eine 25
andere, verließ ihn aber gleich wieder schweigend, nachdem er nur mit einem schwarzen Stäbchen die Tinte um-
gerührt und die gebrauchten Federn mit neuen schärfer
gespitzten vertauscht hatte. Eines Tages, als Anselmus mit
dem Glockenschlag zwölf bereits die Treppe hinaufgestie- 30
gen, fand er die Tür, durch die er gewöhnlich hineingegan-
gen, verschlossen und der Archivarius Lindhorst erschien
in seinem wunderlichen wie mit glänzenden Blumen
bestreuten Schlafrock von der andern Seite. Er rief laut:

»Heute kommen Sie nur hier herein, werter Anselmus, denn wir müssen in das Zimmer, wo Bhogovotgitas Meister unsrer warten.« Er schritt durch den Korridor und führte den Anselmus durch dieselben Gemächer und Säle wie
5 das erste Mal. – Der Student Anselmus erstaunte aufs Neue über die wunderbare Herrlichkeit des Gartens, aber er sah nun deutlich, dass manche seltsame Blüten, die an den dunkeln Büschen hingen, eigentlich in glänzenden Farben prunkende Insekten waren, die mit den Flüglein auf
10 und nieder schlugen und durcheinander tanzend und wirbelnd sich mit ihren Saugrüsseln zu liebkosen schienen. Dagegen waren wieder die rosenfarbnen und himmelblauen Vögel duftende Blumen und der Geruch, den sie verbreiteten, stieg aus ihren Kelchen empor in leisen lieblichen
15 Tönen, die sich mit dem Geplätscher der fernen Brunnen, mit dem Säuseln der hohen Stauden und Bäume zu geheimnisvollen Akkorden einer tiefklagenden Sehnsucht vermischten. Aber die Spottvögel, die ihn das erste Mal so geneckt und gehöhnt, flatterten ihm wieder um den Kopf
20 und schrieen mit ihren feinen Stimmchen unaufhörlich: »Herr Studiosus, Herr Studiosus, eilen Sie nicht so – kucken Sie nicht so in die Wolken – Sie könnten auf die Nase fallen. – He, he! Herr Studiosus – nehmen Sie den Pudermantel um – Gevatter Schuhu soll Ihnen den Toupet frisie-
25 ren.« – So ging es fort in allerlei dummem Geschwätz, bis Anselmus den Garten verlassen. Der Archivarius Lindhorst trat endlich in das azurblaue Zimmer; der Porphyr mit dem goldnen Topf war verschwunden, stattdessen stand ein mit violettem Samt behangener Tisch, auf dem die dem
30 Anselmus bekannten Schreibmaterialien befindlich, in der Mitte des Zimmers und ein ebenso beschlagener Lehnstuhl vor demselben. »Lieber Herr Anselmus«, sagte der Archivarius Lindhorst, »Sie haben nun schon manches Manuskript schnell und richtig zu meiner großen Zufrie-
35 denheit kopiert; Sie haben sich mein Zutrauen erworben; das Wichtigste bleibt aber noch zu tun übrig und das ist

Bhogovotgitas
Meister:
Bhagavadgita,
Offenbarungs-
schrift aus einem
religiösen indi-
schen Epos

Schuhu:
Uhu

Toupet:
Haarteil

das Abschreiben oder vielmehr Nachmalen gewisser in besonderen Zeichen geschriebener Werke, die ich hier in diesem Zimmer aufbewahre und die nur an Ort und Stelle kopiert werden können. – Sie werden daher künftig hier arbeiten, aber ich muss ihnen die größte Vorsicht und Aufmerksamkeit empfehlen; ein falscher Strich oder, was der Himmel verhüten möge, ein Tintenfleck auf das Original gespritzt stürzt Sie ins Unglück.« – Anselmus bemerkte, dass aus den goldnen Stämmen der Palmbäume kleine smaragdgrüne Blätter herausragten; eins dieser Blätter erfasste der Archivarius und Anselmus wurde gewahr, dass das Blatt eigentlich in einer Pergamentrolle bestand, die der Archivarius aufwickelte und vor ihm auf den Tisch breitete. Anselmus wunderte sich nicht wenig über die seltsam verschlungenen Zeichen und bei dem Anblick der vielen Pünktchen, Striche und leichten Züge und Schnörkel, die bald Pflanzen, bald Moose, bald Tiergestalten nachzuahmen schienen, wollte ihm beinahe der Mut sinken, alles so genau nachmalen zu können. Er geriet darüber in tiefe Gedanken. »Mut gefasst, junger Mensch!«, rief der Archivarius, »hast du bewährten Glauben und wahre Liebe, so hilft dir Serpentina!« Seine Stimme tönte wie klingendes Metall, und als Anselmus in jähem Schreck aufblickte, stand der Archivarius Lindhorst in der königlichen Gestalt vor ihm, wie er ihm bei dem ersten Besuch im Bibliothekzimmer erschienen. Es war dem Anselmus, als müsse er von Ehrfurcht durchdrungen auf die Kniee sinken, aber da stieg der Archivarius Lindhorst an dem Stamm eines Palmbaums in die Höhe und verschwand in den smaragdenen Blättern. – Der Student Anselmus begriff, dass der Geisterfürst mit ihm gesprochen und nun in sein Studierzimmer hinaufgestiegen, um vielleicht mit den Strahlen, die einige Planeten als Gesandte zu ihm geschickt, Rücksprache zu halten, was nun mit ihm und der holden Serpentina geschehen solle. – Auch kann es sein, dachte er ferner, dass ihn Neues von den Quellen des Nils erwartet

oder dass ein Magus aus Lappland ihn besucht – mir ge-
ziemt es nun, emsig an die Arbeit zu gehen. – Und damit
fing er an, die fremden Zeichen der Pergamentrolle zu stu-
dieren. – Die wunderbare Musik des Gartens tönte zu ihm
5 herüber und umgab ihn mit süßen lieblichen Düften, auch
hörte er wohl die Spottvögel kickern, doch verstand er ihre
Worte nicht, was ihm auch recht lieb war. Zuweilen war es
auch, als rauschten im leisen Rühren die smaragdenen
Blätter der Palmbäume und als strahlten dann die holden
10 Kristallklänge, welche Anselmus an jenem verhängnisvollen Himmelfahrtstage unter dem Holunderbusch hörte,
durch das Zimmer. Der Student Anselmus, wunderbar gestärkt durch dies Tönen und Leuchten, richtete immer fester und fester Sinn und Gedanken auf die Überschrift der
15 Pergamentrolle und bald fühlte er wie aus dem Innersten
heraus, dass die Zeichen nichts anders bedeuten könnten
als die Worte: Von der Vermählung des Salamanders mit
der grünen Schlange. – Da ertönte ein starker Dreiklang
heller Kristallglocken. – »Anselmus, lieber Anselmus«,
20 wehte es ihm zu aus den Blättern, und o Wunder! an dem
Stamm des Palmbaums schlängelte sich die grüne Schlange herab. – »Serpentina! Holde Serpentina!«, rief Anselmus
wie im Wahnsinn des höchsten Entzückens, denn sowie er
schärfer hinblickte, da war es ja ein liebliches herrliches
25 Mädchen, die mit den dunkelblauen Augen, wie sie in seinem Innern lebten, voll unaussprechlicher Sehnsucht ihn
anschauend, ihm entgegenschwebte. Die Blätter schienen
sich herabzulassen und auszudehnen, überall sprossten
Stacheln aus den Stämmen, aber Serpentina wand und
30 schlängelte sich geschickt durch, indem sie ihr flatterndes,
wie in schillernden Farben glänzendes Gewand nach sich
zog, sodass es sich dem schlanken Körper anschmiegend
nirgends hängen blieb an den hervorragenden Spitzen und
Stacheln der Palmbäume. Sie setzte sich neben dem Ansel-
35 mus auf denselben Stuhl, ihn mit dem Arm umschlingend
und an sich drückend, sodass er den Hauch, der von ihren

Lippen strömte, die elektrische Wärme ihres Körpers fühlte. »Lieber Anselmus!«, fing Serpentina an, »nun bist du
bald ganz mein, durch deinen Glauben, durch deine Liebe
erringst du mich und ich bringe dir den goldnen Topf, der
uns beide beglückt immerdar.« – »O du holde liebe Serpen-   5
tina«, sagte Anselmus, »wenn ich nur dich habe, was küm-
mert mich sonst alles Übrige; wenn du nur mein bist, so
will ich gern untergehen in all dem Wunderbaren und Seltsamen, was mich befängt seit dem Augenblick, als ich dich
sah.« – »Ich weiß wohl«, fuhr Serpentina fort, »dass das   10
Unbekannte und Wunderbare, womit mein Vater oft nur
zum Spiel seiner Laune dich umfangen, Grausen und Entsetzen in dir erregt hat, aber jetzt soll es, wie ich hoffe,
nicht wieder geschehen, denn ich bin in diesem Augenblick nur da, um dir, mein lieber Anselmus, alles und jedes   15
aus tiefem Gemüte, aus tiefer Seele haarklein zu erzählen,
was dir zu wissen nötig, um meinen Vater ganz zu kennen
und überhaupt recht deutlich einzusehen, was es mit ihm
und mit mir für eine Bewandtnis hat.« – Dem Anselmus
war es, als sei er von der holden lieblichen Gestalt so ganz   20
und gar umschlungen und umwunden, dass er sich nur mit
ihr regen und bewegen könne, und als sei es nur der Schlag
ihres Pulses, der durch seine Fibern und Nerven zittere; er
horchte auf jedes ihrer Worte, das bis in sein Innerstes hinein erklang und wie ein leuchtender Strahl die Wonne des   25
Himmels in ihm entzündete. Er hatte den Arm um ihren
schlanker als schlanken Leib gelegt, aber der schillernde
glänzende Stoff ihres Gewandes war so glatt, so schlüpfrig,
dass es ihm schien, als könne sie, sich ihm schnell entwin-
dend, unaufhaltsam entschlüpfen, und er erbebte bei dem   30
Gedanken. »Ach, verlass mich nicht, holde Serpentina«,
rief er unwillkürlich aus, »nur du bist mein Leben!« –
»Nicht eher heute«, sagte Serpentina, »als bis ich alles erzählt habe, was du in deiner Liebe zu mir begreifen kannst.
– Wisse also, Geliebter! dass mein Vater aus dem wunder-   35
baren Geschlecht der Salamander abstammt und dass ich

mein Dasein seiner Liebe zur grünen Schlange verdanke.
In uralter Zeit herrschte in dem Wunderlande Atlantis der
mächtige Geisterfürst Phosphorus, dem die Elementargeister dienten. Einst ging der Salamander, den er vor allen
5 liebte (es war mein Vater), in dem prächtigen Garten, den
des Phosphorus Mutter mit ihren schönsten Gaben auf das
Herrlichste geschmückt hatte, umher und hörte, wie eine
hohe Lilie in leisen Tönen sang: ›Drücke fest die Äuglein
zu, bis mein Geliebter, der Morgenwind, dich weckt.‹ Er
10 trat hinzu; von seinem glühenden Hauch berührt, er-
schloss die Lilie ihre Blätter, und er erblickte der Lilie Tochter, die grüne Schlange, welche in dem Kelch schlummerte.
Da wurde der Salamander von heißer Liebe zu der schönen Schlange ergriffen und er raubte sie der Lilie, deren
15 Düfte in namenloser Klage vergebens im ganzen Garten
nach der geliebten Tochter riefen. Denn der Salamander
hatte sie in das Schloss des Phosphorus getragen und bat
ihn: ›Vermähle mich mit der Geliebten, denn sie soll mein
eigen sein immerdar.‹ – ›Törichter, was verlangst du!‹,
20 sprach der Geisterfürst, ›wisse, dass einst die Lilie meine
Geliebte war und mit mir herrschte, aber der Funke, den
ich in sie warf, drohte sie zu vernichten, und nur der Sieg
über den schwarzen Drachen, den jetzt die Erdgeister in
Ketten gebunden halten, erhielt die Lilie, dass ihre Blätter
25 stark genug blieben, den Funken in sich zu schließen und
zu bewahren. Aber wenn du die grüne Schlange umarmst,
wird deine Glut den Körper verzehren und ein neues Wesen schnell emporkeimend sich dir entschwingen.‹ Der Salamander achtete der Warnung des Geisterfürsten nicht;
30 voll glühenden Verlangens schloss er die grüne Schlange in
seine Arme, sie zerfiel in Asche und ein geflügeltes Wesen
aus der Asche geboren rauschte fort durch die Lüfte. Da ergriff den Salamander der Wahnsinn der Verzweiflung und
er rannte Feuer und Flammen sprühend durch den Garten
35 und verheerte ihn in wilder Wut, dass die schönsten Blumen und Blüten verbrannt niedersanken und ihr Jammer

Atlantis:
mythisches Insel-
reich, Utopia,
Land der Poesie

Elementargeister:
Myth. halbgött-
liche Natur-
wesen, die die
vier Elemente
repräsentieren

die Luft erfüllte. Der hocherzürnte Geisterfürst erfasste im Grimm den Salamander und sprach: ›Ausgeraset hat dein Feuer – erloschen sind deine Flammen, erblindet deine Strahlen – sinke hinab zu den Erdgeistern, die mögen dich necken und höhnen und gefangen halten, bis der Feuer- 5 stoff sich wieder entzündet und mit dir als einem neuen Wesen aus der Erde emporstrahlt.‹ Der arme Salamander sank erloschen hinab, aber da trat der alte mürrische Erd- geist, der des Phosphorus Gärtner war, hinzu und sprach: ›Herr! Wer sollte mehr über den Salamander klagen als ich! 10 – Habe ich nicht all die schönen Blumen, die er verbrannt, mit meinen schönsten Metallen geputzt, habe ich nicht ih- re Keime wacker gehegt und gepflegt und an ihnen man- che schöne Farbe verschwendet? – Und doch nehme ich mich des armen Salamanders an, den nur die Liebe, von 15 der du selbst schon oft, o Herr! befangen, zur Verzweiflung getrieben, in der er den Garten verwüstet. – Erlasse ihm die zu harte Strafe!‹ – ›Sein Feuer ist für jetzt erloschen‹, sprach der Geisterfürst, ›in der unglücklichen Zeit, wenn die Sprache der Natur dem entarteten Geschlecht der 20 Menschen nicht mehr verständlich sein, wenn die Elemen- targeister, in ihre Regionen gebannt, nur aus weiter Ferne in dumpfen Anklängen zu dem Menschen sprechen wer- den, wenn, dem harmonischen Kreise entrückt, nur ein un- endliches Sehnen ihm die dunkle Kunde von dem wunder- 25 vollen Reiche geben wird, das er sonst bewohnen durfte, als noch Glaube und Liebe in seinem Gemüte wohnten – in dieser unglücklichen Zeit entzündet sich der Feuerstoff des Salamanders aufs Neue, doch nur zum Menschen keimt er empor und muss, ganz eingehend in das dürftige 30 Leben, dessen Bedrängnisse ertragen. Aber nicht allein die Erinnerung an seinen Urzustand soll ihm bleiben, sondern er lebt auch wieder auf in der heiligen Harmonie mit der ganzen Natur, er versteht ihre Wunder und die Macht der verbrüderten Geister steht ihm zu Gebote. In einem Lilien- 35 busch findet er dann die grüne Schlange wieder und die

Frucht seiner Vermählung mit ihr sind drei Töchter, die den Menschen in der Gestalt der Mutter erscheinen. Zur Frühlingszeit sollen sie sich in den dunklen Holunderbusch hängen und ihre lieblichen Kristallstimmen ertönen las-
5 sen. Findet sich dann in der dürftigen armseligen Zeit der innern Verstocktheit ein Jüngling, der ihren Gesang vernimmt, ja blickt ihn eine der Schlänglein mit ihren holdseligen Augen an, entzündet der Blick in ihm die Ahnung des fernen wundervollen Landes, zu dem er sich mutig empor-
10 schwingen kann, wenn er die Bürde des Gemeinen abgeworfen, keimt mit der Liebe zur Schlange in ihm der Glaube an die Wunder der Natur, ja an seine eigne Existenz in diesen Wundern glutvoll und lebendig auf, so wird die Schlange sein. Aber nicht eher, bis drei Jünglinge dieser Art
15 erfunden und mit den drei Töchtern vermählt werden, darf der Salamander seine lästige Bürde abwerfen und zu seinen Brüdern gehen.‹ – ›Erlaube, Herr‹, sagte der Erdgeist, ›dass ich diesen drei Töchtern ein Geschenk mache, das ihr Leben mit dem gefundenen Gemahl verherrlicht. Jede er-
20 hält von mir einen Topf vom schönsten Metall, das ich besitze, den poliere ich mit Strahlen, die ich dem Diamant entnommen; in seinem Glanze soll sich unser wundervolles Reich, wie es jetzt im Einklang mit der ganzen Natur besteht, in blendendem herrlichen Widerschein abspie-
25 geln, aus seinem Innern aber in dem Augenblick der Vermählung eine Feuerlilie entsprießen, deren ewige Blüte den bewährt befundenen Jüngling süß duftend umfängt. Bald wird er dann ihre Sprache, die Wunder unseres Reichs verstehen und selbst mit der Geliebten in Atlantis woh-
30 nen.‹ – Du weißt nun wohl, lieber Anselmus! dass mein Vater eben der Salamander ist, von dem ich dir erzählt. Er musste seiner höheren Natur unerachtet sich den kleinlichsten Bedrängnissen des gemeinen Lebens unterwerfen, und daher kommt wohl oft die schadenfrohe Laune, mit
35 der er manche neckt. Er hat mir oft gesagt, dass für die innere Geistesbeschaffenheit, wie sie der Geisterfürst Phos-

erfunden:
hier gefunden

phorus damals als Bedingnis der Vermählung mit mir und meinen Schwestern aufgestellt, man jetzt einen Ausdruck habe, der aber nur zu oft unschicklicherweise gemissbraucht werde; man nenne das nämlich ein kindliches poetisches Gemüt. – Oft finde man dieses Gemüt bei Jünglin- 5 gen, die der hohen Einfachheit ihrer Sitten wegen und weil es ihnen ganz an der sogenannten Weltbildung fehle, von dem Pöbel verspottet würden. Ach, lieber Anselmus! – Du verstandest ja unter dem Holunderbusch meinen Gesang – meinen Blick – du liebest die grüne Schlange, du glaubst 10 an mich und willst mein sein immerdar! – Die schöne Lilie wird emporblühen aus dem goldnen Topf und wir werden vereint glücklich und selig in Atlantis wohnen! – Aber nicht verhehlen kann ich dir, dass im grässlichen Kampf mit den Salamandern und Erdgeistern sich der schwarze Drache 15 loswand und durch die Lüfte davonbrauste. Phosphorus hält ihn zwar wieder in Banden, aber aus den schwarzen Federn, die im Kampfe auf die Erde stäubten, keimten feindliche Geister empor, die überall den Salamandern und Erdgeistern widerstreben. Jenes Weib, das dir so feindlich 20 ist, lieber Anselmus! und die, wie mein Vater recht gut weiß, nach dem Besitz des goldnen Topfes strebt, hat ihr Dasein der Liebe einer solchen aus dem Fittig des Drachen herabgestäubten Feder zu einer Runkelrübe zu verdanken. Sie erkennt ihren Ursprung und ihre Gewalt, denn in dem 25 Stöhnen, in den Zuckungen des gefangenen Drachen wer-

Konstellation: Position von Sternbildern zueinander

den ihr die Geheimnisse mancher wundervollen Konstellation offenbar und sie bietet alle Mittel auf, von außen hinein ins Innere zu wirken, wogegen sie mein Vater mit den Blitzen, die aus dem Innern des Salamanders hervorschie- 30 ßen, bekämpft. Alle die feindlichen Prinzipe, die in schädlichen Kräutern und giftigen Tieren wohnen, sammelt sie und erregt, sie mischend in günstiger Konstellation, manchen bösen Spuk, der des Menschen Sinne mit Grauen und Entsetzen befängt und ihn der Macht jener Dämonen, die 35 der Drache im Kampfe unterliegend erzeugte, unterwirft.

Nimm dich vor der Alten in Acht, lieber Anselmus, sie ist dir feind, weil dein kindliches frommes Gemüt schon manchen ihrer bösen Zauber vernichtet. – Halte treu – treu – an mir, bald bist du am Ziel!« – »O meine – meine Serpentina!«, rief der Student Anselmus, »wie sollte ich denn nur von dir lassen können, wie sollte ich dich nicht lieben ewiglich!« – Ein Kuss brannte auf seinem Munde, er erwachte wie aus einem tiefen Traume, Serpentina war verschwunden, es schlug sechs Uhr, da fiel es ihm schwer aufs Herz, dass er nicht das Mindeste kopiert habe; er blickte voll Besorgnis, was der Archivarius wohl sagen werde, auf das Blatt, und o Wunder! die Kopie des geheimnisvollen Manuskripts war glücklich beendigt und er glaubte, schärfer die Züge betrachtend, Serpentinas Erzählung von ihrem Vater, dem Liebling des Geisterfürsten Phosphorus im Wunderlande Atlantis, abgeschrieben zu haben. Jetzt trat der Archivarius Lindhorst in seinem weißgrauen Überrock, den Hut auf dem Kopfe, den Stock in der Hand, herein; er sah in das von dem Anselmus beschriebene Pergament, nahm eine große Prise und sagte lächelnd: »Das dacht' ich wohl! – Nun! Hier ist der Speziestaler, Herr Anselmus, jetzt wollen wir noch nach dem Linke'schen Bade gehen – nur mir nach!« – Der Archivarius schritt rasch durch den Garten, in dem ein solcher Lärm von Singen, Pfeifen, Sprechen durcheinander war, dass der Student Anselmus ganz betäubt wurde und dem Himmel dankte, als er sich auf der Straße befand. Kaum waren sie einige Schritte gegangen, als sie dem Registrator Heerbrand begegneten, der freundlich sich anschloss. Vor dem Tore stopften sie die mitgenommenen Pfeifen, der Registrator Heerbrand beklagte, kein Feuerzeug bei sich zu tragen, da rief der Archivarius Lindhorst ganz unwillig: »Was Feuerzeug! – Hier ist Feuer, so viel Sie wollen!« Und damit schnippte er mit den Fingern, aus denen große Funken strömten, die die Pfeifen schnell anzündeten. »Sehen Sie das chemische Kunststückchen«, sagte der Registrator Heerbrand, aber der Student Anselmus dachte nicht ohne inneres Erbeben an den Salamander. – Im Linke'schen Bade trank der Registrator Heerbrand so viel starkes Doppelbier, dass er, sonst ein gutmütiger stiller Mann, anfing, in einem quäkenden Tenor Burschenlieder zu singen, jeden hitzig fragte: ob er sein Freund sei oder nicht, und endlich von dem Studenten Anselmus zu Hause gebracht werden musste, als der Archivarius Lindhorst schon längst auf und davon war. 5

NEUNTE VIGILIE

Wie der Student Anselmus zu einiger Ver-
nunft gelangte – Die Punschgesellschaft – Wie der Student
Anselmus den Konrektor Paulmann für einen Schuhu hielt
5 *und dieser sich darob sehr erzürnte – Der Tintenklecks und*
seine Folgen

Alles das Seltsame und Wundervolle, welches dem Studenten Anselmus täglich begegnet war, hatte ihn ganz dem gewöhnlichen Leben entrückt. Er sah keinen seiner Freunde
10 mehr und harrte jeden Morgen mit Ungeduld auf die zwölfte Stunde, die ihm sein Paradies aufschloss. Und doch, indem sein ganzes Gemüt der holden Serpentina und den
Wundern des Feenreichs bei dem Archivarius Lindhorst
zugewandt war, musste er zuweilen unwillkürlich an Vero-
15 nika denken, ja manchmal schien es ihm, als träte sie zu
ihm hin und gestehe errötend, wie herzlich sie ihn liebe
und wie sie danach trachte, ihn den Phantomen, von denen er nur geneckt und verhöhnt werde, zu entreißen. Zuweilen war es, als risse eine fremde plötzlich auf ihn ein-
20 brechende Macht ihn unwiderstehlich hin zur vergessenen
Veronika und er müsse ihr folgen, wohin sie nur wolle, als
sei er festgekettet an das Mädchen. Gerade in der Nacht
darauf, als er Serpentina zum ersten Mal in der Gestalt einer wunderbar holdseligen Jungfrau geschaut, als ihm das
25 wunderbare Geheimnis der Vermählung des Salamanders
mit der grünen Schlange offenbar worden, trat ihm Veronika lebhafter vor Augen als jemals. – Ja! – erst als er erwachte, wurde er deutlich gewahr, dass er nur geträumt habe, da
er überzeugt gewesen, Veronika sei wirklich bei ihm und
30 klage mit dem Ausdruck eines tiefen Schmerzes, der sein
Innerstes durchdrang, dass er ihre innige Liebe den fantastischen Erscheinungen, die nur seine innere Zerrüttung
hervorrufe, aufopfern und noch darüber in Unglück und
Verderben geraten werde. Veronika war liebenswürdiger,

als er sie je gesehen; er konnte sie kaum aus den Gedanken bringen und dieser Zustand verursachte ihm eine Qual, der er bei einem Morgenspaziergang zu entrinnen hoffte. Eine geheime magische Gewalt zog ihn vor das Pirnaer Tor und eben wollte er in eine Nebenstraße einbiegen, als der Konrektor Paulmann hinter ihm herkommend laut rief: »Ei, ei! – Wertester Herr Anselmus! – Amice! – Amice! Wo um des Himmels willen stecken Sie denn, Sie lassen sich ja gar nicht mehr sehen – wissen Sie wohl, dass sich Veronika recht sehnt, wieder einmal eins mit Ihnen zu singen? – Nun kommen Sie nur, Sie wollten ja doch zu mir!« Der Student Anselmus ging notgedrungen mit dem Konrektor. Als sie in das Haus traten, kam ihnen Veronika sehr sauber und sorgfältig gekleidet entgegen, sodass der Konrektor Paulmann voll Erstaunen fragte:»Nun, warum so geputzt, hat man denn Besuch erwartet? – Aber hier bringe ich den Herrn Anselmus!« – Als der Student Anselmus sittig und artig der Veronika die Hand küsste, fühlte er einen leisen Druck, der wie ein Glutstrom durch alle Fibern und Nerven zuckte. Veronika war die Heiterkeit, die Anmut selbst, und als Paulmann nach seinem Studierzimmer gegangen, wusste sie durch allerhand Neckerei und Schalkheit den Anselmus so hinaufzuschrauben, dass er alle Blödigkeit vergaß und sich zuletzt mit dem ausgelassenen Mädchen im Zimmer herumjagte. Da kam ihm aber wieder einmal der Dämon des Ungeschicks über den Hals, er stieß an den Tisch und Veronikas niedliches Nähkästchen fiel herab. Anselmus hob es auf, der Deckel war aufgesprungen und es blinkte ihm ein kleiner runder Metallspiegel entgegen, in den er mit ganz eigner Lust hineinschaute. Veronika schlich sich leise hinter ihn, legte die Hand auf seinen Arm und schaute, sich fest an ihn schmiegend, ihm über die Schulter auch in den Spiegel. Da war es dem Anselmus, als beginne ein Kampf in seinem Innern – Gedanken – Bilder – blitzten hervor und vergingen wieder – der Archivarius Lindhorst – Serpentina – die grüne Schlange – endlich

Amice!:
lat. Freund!

Blödigkeit:
Schüchternheit

wurde es ruhiger und alles Verworrene fügte und gestaltete
sich zum deutlichen Bewusstsein. Ihm wurde es nun klar,
dass er nur beständig an Veronika gedacht, ja dass die Gestalt, welche ihm gestern in dem blauen Zimmer erschienen, auch eben Veronika gewesen, und dass die fantastische Sage von der Vermählung des Salamanders mit der
grünen Schlange ja nur von ihm geschrieben, keinesweges
aber erzählt worden sei. Er wunderte sich selbst über seine
Träumereien und schrieb sie lediglich seinem durch die
Liebe zu Veronika exaltierten Seelenzustande sowie der
Arbeit bei dem Archivarius Lindhorst zu, in dessen Zim-
mern es noch überdem so sonderbar betäubend dufte. Er
musste herzlich über die tolle Einbildung lachen, in eine
kleine Schlange verliebt zu sein und einen wohlbestallten
Geheimen Archivarius für einen Salamander zu halten. »Ja,
ja! – Es ist Veronika!«, rief er laut, aber indem er den Kopf
umwandte, schaute er gerade in Veronikas blaue Augen
hinein, in denen Liebe und Sehnsucht strahlten. Ein dumpfes Ach! entfloh ihren Lippen, die in dem Augenblick auf
den seinigen brannten. »O ich Glücklicher«, seufzte der
entzückte Student, »was ich gestern nur träumte, wird mir
heute wirklich und in der Tat zuteil.« – »Und willst du
mich denn wirklich heiraten, wenn du Hofrat worden?«,
fragte Veronika. »Allerdings!«, antwortete der Student Anselmus; indem knarrte die Tür und der Konrektor Paulmann trat mit den Worten herein: »Nun, wertester Herr
Anselmus, lasse ich Sie heute nicht fort, Sie nehmen vor-
lieb bei mir mit einer Suppe, und nachher bereitet uns Veronika einen köstlichen Kaffee, den wir mit dem Registrator Heerbrand, welcher herzukommen versprochen,
genießen.« – »Ach, bester Herr Konrektor«, erwiderte der
Student Anselmus, »wissen Sie denn nicht, dass ich zum
Archivarius Lindhorst muss, des Abschreibens wegen?« –
»Schauen Sie, Amice!«, sagte der Konrektor Paulmann, indem er ihm die Taschenuhr hinhielt, welche auf halb eins
wies. Der Student Anselmus sah nun wohl ein, dass es viel

exaltiert:
überreizt

zu spät sei, zu dem Archivarius Lindhorst zu wandern, und
fügte sich den Wünschen des Konrektors um so lieber, als
er nun die Veronika den ganzen Tag über schauen und
wohl manchen verstohlnen Blick, manchen zärtlichen
Händedruck zu erhalten, ja wohl gar einen Kuss zu erobern 5
hoffte. So hoch verstiegen sich jetzt die Wünsche und Hoffnungen des Studenten Anselmus, und es wurde ihm immer behaglicher zumute, je mehr er sich überzeugte, dass
er bald von all den fantastischen Einbildungen befreit sein
werde, die ihn wirklich ganz und gar zum wahnwitzigen 10
Narren hätten machen können. Der Registrator Heerbrand
fand sich wirklich nach Tische ein, und als der Kaffee genossen und die Dämmerung bereits eingebrochen, gab er
schmunzelnd und fröhlich die Hände reibend zu verstehen: Er trage etwas mit sich, was, durch Veronikas schöne 15
Hände gemischt und in gehörige Form gebracht, gleichsam

foliiert und
rubriziert:
nummeriert und
in Spalten ein-
geteilt (wie ein
Buch)

foliiert und rubriziert, ihnen allen an dem kühlen Oktober-
Abende erfreulich sein werde. »So rücken Sie denn nur
heraus mit dem geheimnisvollen Wesen, das Sie bei sich
tragen, geschätztester Registrator«, rief der Konrektor 20
Paulmann; aber der Registrator Heerbrand griff in die tiefe

Matin:
weite Jacke

Tasche seines Matins und brachte in drei Reprisen eine
Flasche Arrak, Zitronen und Zucker zum Vorschein. Kaum

Reprise:
Wiederholung

war eine halbe Stunde vergangen, so dampfte ein köst-

Arrak:
Schnaps aus
Palmzucker oder
Zuckerrohr

licher Punsch auf Paulmanns Tische. Veronika kredenzte 25
das Getränk und es gab allerlei gemütliche muntre Gespräche unter den Freunden. Aber sowie dem Studenten Ansel-

kredenzen:
auftischen

mus der Geist des Getränks zu Kopfe stieg, kamen auch alle Bilder des Wunderbaren, Seltsamen, was er in kurzer
Zeit erlebt, wieder zurück. – Er sah den Archivarius Lind- 30
horst in seinem damastnen Schlafrock, der wie Phosphor
erglänzte – er sah das azurblaue Zimmer, die goldnen
Palmbäume, ja es wurde ihm wieder so zumute, als müsse
er doch an die Serpentina glauben – es brauste, es gärte in
seinem Inneren. Veronika reichte ihm ein Glas Punsch, 35
und indem er es fasste, berührte er leise ihre Hand. – »Ser-

pentina! Veronika!«, seufzte er in sich hinein. Er versank in
tiefe Träume, aber der Registrator Heerbrand rief ganz laut:
»Ein wunderlicher alter Mann, aus dem niemand klug
wird, bleibt er doch, der Archivarius Lindhorst. – Nun, er
5 soll leben! Stoßen Sie an, Herr Anselmus!« – Da fuhr der
Student Anselmus auf aus seinen Träumen und sagte, indem er mit dem Registrator Heerbrand anstieß: »Das
kommt daher, verehrungswürdiger Herr Registrator, weil
der Herr Archivarius Lindhorst eigentlich ein Salamander
10 ist, der den Garten des Geisterfürsten Phosphorus im Zorn
verwüstete, weil ihm die grüne Schlange davongeflogen.«
– »Wie – was?«, fragte der Konrektor Paulmann. »Ja«, fuhr
der Student Anselmus fort, »deshalb muss er nun könig-
licher Archivarius sein und hier in Dresden mit seinen drei
15 Töchtern wirtschaften, die aber weiter nichts sind als kleine goldgrüne Schlänglein, die sich in Holunderbüschen
sonnen, verführerisch singen und die jungen Leute verlo-
cken wie die Sirenen.« – »Herr Anselmus – Herr Anselmus«, rief der Konrektor Paulmann, »rappelt's Ihnen im
20 Kopfe? – Was um des Himmels willen schwatzen Sie für
ungewaschenes Zeug?« – »Er hat recht«, fiel der Registrator Heerbrand ein, »der Kerl, der Archivarius, ist ein ver-
fluchter Salamander, der mit den Fingern feurige Schnippchen schlägt, die einem Löcher in den Überrock brennen
25 wie glühender Schwamm. – Ja, ja, du hast recht, Brüder-
chen Anselmus, und wer es nicht glaubt, ist mein Feind!«
Und damit schlug der Registrator Heerbrand mit der Faust
auf den Tisch, dass die Gläser klirrten. »Registrator! – Sind
Sie rasend?«, schrie der erboste Konrektor. – »Herr Studio-
30 sus – Herr Studiosus, was richten Sie denn nun wieder
an?« – »Ach!«, sagte der Student, »Sie sind auch weiter
nichts als ein Vogel – ein Schuhu, der die Toupets frisiert,
Herr Konrektor!« – »Was? – Ich ein Vogel – ein Schuhu –
ein Friseur?«, schrie der Konrektor voller Zorn, – »Herr, Sie
35 sind toll – toll!« – »Aber die Alte kommt ihm über den
Hals«, rief der Registrator Heerbrand. »Ja, die Alte ist

Sirenen:
griech. Myth.
Fabelwesen mit
betörendem, Tod
bringendem
Gesang

Schwamm:
hier als Zunder
benutzter Baum-
pilz

toll:
hier verrückt

Flederwisch:
Besen

Kanaille:
gemeines
Geschöpf

Cousin germain:
frz. Cousin ersten
Grades

Tollhaus:
Irrenhaus

vivat:
lat. es lebe

pereat:
lat. nieder mit

eheu – evoe:
Trinkrufe zu
Ehren des Wein-
gottes Bacchus

mächtig«, fiel der Student Anselmus ein, »unerachtet sie nur von niederer Herkunft, denn ihr Papa ist nichts als ein lumpichter Flederwisch und ihre Mama eine schnöde Runkelrübe, aber ihre meiste Kraft verdankt sie allerlei feindlichen Kreaturen – giftigen Kanaillen, von denen sie umge- 5 ben.« – »Das ist eine abscheuliche Verleumdung«, rief Veronika mit zornglühenden Augen, »die alte Liese ist eine weise Frau und der schwarze Kater keine feindliche Kreatur, sondern ein gebildeter junger Mann von feinen Sitten und ihr Cousin germain.« – »Kann *der* Salamander fressen, 10 ohne sich den Bart zu versengen und elendiglich daraufzugehn?«, sagte der Registrator Heerbrand. »Nein, nein!«, schrie der Student Anselmus, »nun und nimmermehr wird er das können; und die grüne Schlange liebt mich, denn ich bin ein kindliches Gemüt und habe Serpentinas Augen ge- 15 schaut.« – »Die wird der Kater auskratzen«, rief Veronika. »Salamander – Salamander bezwingt sie alle – alle«, brüllte der Konrektor Paulmann in höchster Wut; – »aber bin ich in einem Tollhause? Bin ich selbst toll? – Was schwatze ich denn für wahnwitziges Zeug? – Ja, ich bin auch toll – 20 auch toll!« – Damit sprang der Konrektor Paulmann auf, riss sich die Perücke vom Kopfe und schleuderte sie gegen die Stubendecke, dass die gequetschten Locken ächzten und im gänzlichen Verderben aufgelöst den Puder weit umherstäubten. Da ergriffen der Student Anselmus und 25 der Registrator Heerbrand die Punschterrine, die Gläser, und warfen sie jubelnd und jauchzend an die Stubendecke, dass die Scherben klirrend und klingend umhersprangen. »Vivat Salamander – pereat – pereat die Alte – zerbrecht den Metallspiegel, hackt dem Kater die Augen aus! – Vög- 30 lein – Vöglein aus den Lüften – Eheu – Eheu – Evoe – Salamander!« – So schrien und brüllten die drei wie Besessene durcheinander. Laut weinend sprang Fränzchen davon, aber Veronika lag winselnd vor Jammer und Schmerz auf dem Sofa. Da ging die Tür auf, alles war plötzlich still und 35 es trat ein kleiner Mann in einem grauen Mäntelchen her-

ein. Sein Gesicht hatte etwas seltsam Gravitätisches und vorzüglich zeichnete sich die krummgebogene Nase, auf der eine große Brille saß, vor allen jemals gesehenen aus. Auch trug er solch eine besondere Perücke, dass sie eher
5 eine Federmütze zu sein schien. »Ei, schönen guten Abend«, schnarrte das possierliche Männlein, »hier finde ich ja wohl den Studiosum Herrn Anselmus? Gehorsamste Empfehlung vom Herrn Archivarius Lindhorst, und er habe heute vergebens auf den Herrn Anselmus gewartet, aber
10 morgen lasse er schönstens bitten, ja nicht die gewohnte Stunde zu versäumen.« Damit schritt er wieder zur Tür hinaus und alle sahen nun wohl, dass das gravitätische Männchen eigentlich ein grauer Papagei war. Der Konrektor Paulmann und der Registrator Heerbrand schlugen ei-
15 ne Lache auf, die durch das Zimmer dröhnte, und dazwischen winselte und ächzte Veronika wie von namenlosem Jammer zerrissen, aber den Studenten Anselmus durchzuckte der Wahnsinn des innern Entsetzens und er rannte bewusstlos zur Tür hinaus durch die Straßen. Mechanisch
20 fand er seine Wohnung, sein Stübchen. Bald darauf trat Veronika friedlich und freundlich zu ihm und fragte: warum er sie denn im Rausch so geängstigt habe, und er möge sich nur vor neuen Einbildungen hüten, wenn er bei dem Archivarius Lindhorst arbeite. »Gute Nacht, gute Nacht, mein
25 lieber Freund«, lispelte leise Veronika und hauchte einen Kuss auf seine Lippen. Er wollte sie mit seinen Armen umfangen, aber die Traumgestalt war verschwunden und er erwachte heiter und gestärkt. Nun musste er selbst recht herzlich über die Wirkungen des Punsches lachen, aber in-
30 dem er an Veronika dachte, fühlte er sich recht von einem behaglichen Gefühl durchdrungen. »Ihr allein«, sprach er zu sich selbst, »habe ich es zu verdanken, dass ich von meinen albernen Grillen zurückgekommen bin. – Wahrhaftig, mir ging es nicht besser als jenem, welcher glaubte, er sei
35 von Glas, oder dem, der die Stube nicht verließ aus Furcht, von den Hühnern gefressen zu werden, weil er sich einbil-

dete, ein Gerstenkorn zu sein. Aber sowie ich Hofrat worden, heirate ich ohne Weiteres die Mademoiselle Paulmann und bin glücklich.« – Als er nun mittags durch den Garten des Archivarius Lindhorst ging, konnte er sich nicht genug wundern, wie ihm das alles sonst so seltsam 5 und wundervoll habe vorkommen können. Er sah nichts als gewöhnliche Scherbenpflanzen, allerlei Geranien, Myrtenstöcke und dergleichen. Statt der glänzenden bunten Vögel, die ihn sonst geneckt, flatterten nur einige Sperlinge hin und her, die ein unverständliches unangenehmes Ge- 10 schrei erhoben, als sie den Anselmus gewahr wurden. Das blaue Zimmer kam ihm auch ganz anders vor und er begriff nicht, wie ihm das grelle Blau und die unnatürlichen goldnen Stämme der Palmbäume mit den unförmlichen blinkenden Blättern nur einen Augenblick hatten gefallen 15 können. – Der Archivarius sah ihn mit einem ganz eignen ironischen Lächeln an und fragte:»Nun wie hat Ihnen gestern der Punsch geschmeckt, werter Anselmus?« – »Ach, gewiss hat Ihnen der Papagei«, erwiderte der Student Anselmus ganz beschämt, aber er stockte, denn er dachte nun 20 wieder daran, dass auch die Erscheinung des Papageis wohl nur Blendwerk der befangenen Sinne gewesen. »Ei, ich war ja selbst in der Gesellschaft«, fiel der Archivarius Lindhorst ein,»haben Sie mich denn nicht gesehen? Aber bei dem tollen Unwesen, das ihr triebt, wäre ich beinahe 25 hart beschädigt worden; denn ich saß eben in dem Augenblick noch in der Terrine, als der Registrator Heerbrand danach griff, um sie gegen die Decke zu schleudern, und musste mich schnell in des Konrektors Pfeifenkopf retirie-ren. Nun adieu, Herr Anselmus! – Sei'n Sie fleißig, auch für 30 den gestrigen versäumten Tag zahle ich den Speziestaler, da Sie bisher so wacker gearbeitet.« – »Wie kann der Archivarius nur solch tolles Zeug faseln«, sagte der Student Anselmus zu sich selbst und setzte sich an den Tisch, um die Kopie des Manuskripts zu beginnen, das der Archivarius 35 wie gewöhnlich vor ihm ausgebreitet. Aber er sah auf der

retirieren:
zurückziehen

Pergamentrolle so viele sonderbare krause Züge und Schnörkel durcheinander, die, ohne dem Auge einen einzigen Ruhepunkt zu geben, den Blick verwirrten, dass es ihm beinahe unmöglich schien, das alles genau nachzumalen.

5 Ja, bei dem Überblick des Ganzen schien das Pergament nur ein bunt geaderter Marmor oder ein mit Moosen durchsprenkelter Stein. – Er wollte dessen unerachtet das Mögliche versuchen und tunkte getrost die Feder ein, aber die Tinte wollte durchaus nicht fließen, er spritzte die Fe-

10 der ungeduldig aus und – o Himmel! ein großer Klecks fiel auf das ausgebreitete Original. Zischend und brausend fuhr ein blauer Blitz aus dem Fleck und schlängelte sich krachend durch das Zimmer bis zur Decke hinauf. Da quoll ein dicker Dampf aus den Wänden, die Blätter fingen an zu

15 rauschen wie vom Sturme geschüttelt und aus ihnen schossen blinkende Basilisken im flackernden Feuer herab, den Dampf entzündend, dass die Flammenmassen prasselnd sich um den Anselmus wälzten. Die goldnen Stämme der Palmbäume wurden zu Riesenschlangen, die ihre

20 grässlichen Häupter in schneidendem Metallklange zusammenstießen und mit den geschuppten Leibern den Anselmus umwanden. »Wahnsinniger! Erleide nun die Strafe dafür, was du im frechen Frevel tatest!« – So rief die fürchterliche Stimme des gekrönten Salamanders, der über

25 den Schlangen wie ein blendender Strahl in den Flammen erschien, und nun sprühten ihre aufgesperrten Rachen Feuer-Katarakte auf den Anselmus, und es war, als verdichteten sich die Feuerströme um seinen Körper und würden zur festen eiskalten Masse. Aber indem des Ansel-

30 mus Glieder enger und enger sich zusammenziehend erstarrten, vergingen ihm die Gedanken. Als er wieder zu sich selbst kam, konnte er sich nicht regen und bewegen, er war wie von einem glänzenden Schein umgeben, an dem er sich, wollte er nur die Hand erheben oder sonst

35 sich rühren, stieß. – Ach! Er saß in einer wohlverstopften

Basilisk:
Fabeltier, dessen
Blick tödlich ist

Katarakt:
Wasserfall

| Repositorium:
lat. Regal | Kristallflasche auf einem Repositorium im Bibliothekzimmer des Archivarius Lindhorst. |

ZEHNTE VIGILIE

Die Leiden des Studenten Anselmus in
der gläsernen Flasche – Glückliches Leben der Kreuzschüler
und Praktikanten – Die Schlacht im Bibliothekzimmer des
5 *Archivarius Lindhorst – Sieg des Salamanders und Befreiung*
des Studenten Anselmus

Mit Recht darf ich zweifeln, dass du, günstiger Leser! jemals in einer gläsernen Flasche verschlossen gewesen sein
solltest, es sei denn, dass ein lebendiger neckhafter Traum
10 dich einmal mit solchem feeischen Unwesen befangen hätte. War das der Fall, so wirst du das Elend des armen Studenten Anselmus recht lebhaft fühlen; hast du aber auch
dergleichen nie geträumt, so schließt dich deine rege Fantasie mir und dem Anselmus zu Gefallen wohl auf einige
15 Augenblicke in das Kristall ein. – Du bist von blendendem
Glanze dicht umflossen, alle Gegenstände rings umher erscheinen dir von strahlenden Regenbogenfarben erleuch-
tet und umgeben – alles zittert und wankt und dröhnt im
Schimmer – du schwimmst regungs- und bewegungslos
20 wie in einem festgefrornen Äther, der dich einpresst, sodass der Geist vergebens dem toten Körper gebietet. Immer gewichtiger und gewichtiger drückt die zentnerschwe-
re Last deine Brust – immer mehr und mehr zehrt jeder
Atemzug die Lüftchen weg, die im engen Raum noch auf-
25 und niederwallten – deine Pulsadern schwellen auf und
von grässlicher Angst durchschnitten zuckt jeder Nerv im
Todeskampfe blutend. – Habe Mitleid, günstiger Leser! mit
dem Studenten Anselmus, den diese namenlose Marter in
seinem gläsernen Gefängnisse ergriff; aber er fühlte wohl,
30 dass der Tod ihn nicht erlösen könne, denn erwachte er
nicht aus der tiefen Ohnmacht, in die er im Übermaß seiner Qual versunken, als die Morgensonne in das Zimmer
hell und freundlich hineinschien, und fing seine Marter
nicht von Neuem an? – Er konnte kein Glied regen, aber

seine Gedanken schlugen an das Glas, ihn im misstönen-
den Klange betäubend, und er vernahm statt der Worte,
die der Geist sonst aus dem Innern gesprochen, nur das
dumpfe Brausen des Wahnsinns. – Da schrie er auf in Verzweiflung: »O Serpentina – Serpentina, rette mich von die- 5
ser Höllenqual!« Und es war, als umwehten ihn leise Seufzer, die legten sich um die Flasche wie grüne durchsichtige
Holunderblätter, das Tönen hörte auf, der blendende ver-
wirrende Schein war verschwunden und er atmete freier.
»Bin ich denn nicht an meinem Elende lediglich selbst 10
schuld, ach! habe ich nicht gegen dich selbst, holde, geliebte Serpentina! gefrevelt? – Habe ich nicht schnöde Zweifel
gegen dich gehegt? Habe ich nicht den Glauben verloren
und mit ihm alles, alles, was mich hoch beglücken sollte?
– Ach, du wirst nun wohl nimmer mein werden, für mich 15
ist der goldne Topf verloren, ich darf seine Wunder nimmermehr schauen. Ach, nur ein einziges Mal möcht' ich
dich sehen, deine holde süße Stimme hören, liebliche Serpentina!« – So klagte der Student Anselmus von tiefem
schneidendem Schmerz ergriffen, da sagte jemand dicht 20
neben ihm: »Ich weiß gar nicht, was Sie wollen, Herr Studiosus, warum lamentieren Sie so über alle Maßen!« – Der
Student Anselmus wurde gewahr, dass neben ihm auf
demselben Repositorium noch fünf Flaschen standen, in
welchen er drei Kreuzschüler und zwei Praktikanten er- 25
blickte. – »Ach, meine Herren und Gefährten im Unglück«,
rief er aus, »wie ist es Ihnen denn möglich, so gelassen, ja
so vergnügt zu sein, wie ich es an Ihren heitern Mienen be-
merke? – Sie sitzen ja doch ebenso gut eingesperrt in gläsernen Flaschen als ich und können sich nicht regen und 30
bewegen, ja nicht einmal was Vernünftiges denken, ohne
dass ein Mordlärm entsteht mit Klingen und Schallen und
ohne dass es Ihnen im Kopfe ganz schrecklich saust und
braust. Aber Sie glauben gewiss nicht an den Salamander
und an die grüne Schlange.« – »Sie faseln wohl, mein Herr 35
Studiosus«, erwiderte ein Kreuzschüler, »nie haben wir

uns besser befunden als jetzt, denn die Speziestaler, welche wir von dem tollen Archivarius erhalten für allerlei konfuse Abschriften, tun uns wohl; wir dürfen jetzt keine italienische Chöre mehr auswendig lernen, wir gehen jetzt
5 alle Tage zu Josephs oder sonst in andere Kneipen, lassen uns das Doppelbier wohl schmecken, sehen auch wohl einem hübschen Mädchen in die Augen, singen wie wirkliche Studenten: gaudeamus igitur und sind seelenvergnügt.« – »Die Herren haben ganz recht«, fiel ein
10 Praktikant ein, »auch ich bin mit Speziestalern reichlich versehen, wie hier mein teurer Kollege nebenan, und spaziere fleißig auf den Weinberg, statt bei der leidigen Aktenschreiberei zwischen vier Wänden zu sitzen.« – »Aber meine besten wertesten Herren!«, sagte der Student Anselmus,
15 »spüren Sie es denn nicht, dass Sie alle samt und sonders in gläsernen Flaschen sitzen und sich nicht regen und bewegen, viel weniger umherspazieren können?« – Da schlugen die Kreuzschüler und die Praktikanten eine helle Lache auf und schrieen: »Der Studiosus ist toll, er bildet sich
20 ein, in einer gläsernen Flasche zu sitzen, und steht auf der Elbbrücke und sieht gerade hinein ins Wasser. Gehen wir nur weiter!« – »Ach«, seufzte der Student, »die schauten niemals die holde Serpentina, sie wissen nicht, was Freiheit und Leben in Glauben und Liebe ist, deshalb spüren
25 sie nicht den Druck des Gefängnisses, in das sie der Salamander bannte ihrer Torheit, ihres gemeinen Sinnes wegen, aber ich Unglücklicher werde vergehen in Schmach und Elend, wenn *sie,* die ich so unaussprechlich liebe, mich nicht rettet.« – Da wehte und säuselte Serpentinas Stimme
30 durch das Zimmer: »Anselmus! – Glaube, liebe, hoffe!« – Und jeder Laut strahlte in das Gefängnis des Anselmus hinein und das Kristall musste seiner Gewalt weichen und sich ausdehnen, dass die Brust des Gefangenen sich regen und erheben konnte! – Immer mehr verringerte sich die
35 Qual seines Zustandes und er merkte wohl, dass ihn Serpentina noch liebe und dass nur *sie* es sei, die ihm den Auf-

dürfen:
hier müssen

gaudeamus igitur:
lat. Lasst uns also fröhlich sein (Studentenlied)

enthalt in dem Kristall erträglich mache. Er bekümmerte sich nicht mehr um seine leichtsinnigen Unglücksgefährten, sondern richtete Sinn und Gedanken nur auf die holde Serpentina. – Aber plötzlich entstand von der andern Seite her ein dumpfes widriges Gemurmel. Er konnte bald deutlich bemerken, dass dies Gemurmel von einer alten Kaffeekanne mit halbzerbrochenem Deckel herrührte, die ihm gegenüber auf einem kleinen Schrank hingestellt war. Sowie er schärfer hinschaute, entwickelten sich immer mehr die garstigen Züge eines alten verschrumpften Weibergesichts, und bald stand das Äpfelweib vom Schwarzen Tor vor dem Repositorium. Die grinsete und lachte ihn an und rief mit gellender Stimme: »Ei, ei, Kindchen! – Musst du nun ausharren? – Ins Kristall nun dein Fall! – Hab' ich dir's nicht längst vorausgesagt?« – »Höhne und spotte nur, du verdammtes Hexenweib«, sagte der Student Anselmus, »du bist schuld an allem, aber der Salamander wird dich treffen, du schnöde Runkelrübe!« – »Ho, ho!«, erwiderte die Alte, »nur nicht so stolz! Du hast meinen Söhnlein ins Gesicht getreten, du hast mir die Nase verbrannt, aber doch bin ich dir gut, du Schelm, weil du sonst ein artiger Mensch warst, und mein Töchterchen ist dir auch gut. Aus dem Kristall kommst du aber nun einmal nicht, wenn ich dir nicht helfe; hinauflangen zu dir kann ich nicht, aber meine Frau Gevatterin, die Ratte, welche gleich über dir auf dem Boden wohnt, die soll das Brett entzweinagen, auf dem du stehst, dann purzelst du hinunter und ich fange dich auf in der Schürze, damit du dir die Nase nicht zerschlägst, sondern fein dein glattes Gesichtlein erhältst, und ich trage dich flugs zur Mamsell Veronika, die musst du heiraten, wenn du Hofrat worden.« – »Lass ab von mir, Satans-Geburt«, schrie der Student Anselmus voller Grimm, »nur deine höllischen Künste haben mich zu dem Frevel gereizt, den ich nun abbüßen muss. – Aber geduldig ertrage ich alles, denn nur hier kann ich sein, wo die holde Serpentina mich mit Liebe und Trost umfängt! – Hör' es, Alte,

und verzweifle! Trotz biete ich deiner Macht, ich liebe ewiglich nur Serpentina – ich will nie Hofrat werden – nie die Veronika schauen, die mich durch dich zum Bösen verlockt! – Kann die grüne Schlange nicht mein werden, so
5 will ich untergehen in Sehnsucht und Schmerz! – Hebe dich weg – hebe dich weg – du schnöder Wechselbalg!« – Da lachte die Alte auf, dass es im Zimmer gellte, und rief: »So sitze denn und verderbe, aber nun ist's Zeit, ans Werk zu gehen, denn mein Geschäft hier ist noch von anderer
10 Art.« – Sie warf den schwarzen Mantel ab und stand da in ekelhafter Nacktheit, dann fuhr sie in Kreisen umher und große Folianten stürzten hinab, aus denen riss sie Pergamentblätter, und diese im künstlichen Gefüge schnell zusammenheftend und auf den Leib ziehend, war sie bald
15 wie in einen seltsamen bunten Schuppenharnisch gekleidet. Feuersprühend sprang der schwarze Kater aus dem Tintenfasse, das auf dem Schreibtische stand, und heulte der Alten entgegen, die laut aufjubelte und mit ihm durch die Tür verschwand. Anselmus merkte, dass sie nach dem
20 blauen Zimmer gegangen, und bald hörte er es in der Ferne zischen und brausen, die Vögel im Garten schrieen, der Papagei schnarrte: »Rette – rette – Raub – Raub!« – In dem Augenblick kam die Alte ins Zimmer zurückgesprungen, den goldnen Topf auf dem Arm tragend und mit grässlicher Gebärde wild durch die Lüfte schreiend: »Glück auf!
25 – Glück auf! – Söhnlein – töte die grüne Schlange! Auf, Söhnlein, auf!« – Es war dem Anselmus, als höre er ein tiefes Stöhnen, als höre er Serpentinas Stimme. Da ergriff ihn Entsetzen und Verzweiflung. – Er raffte alle seine Kraft zusammen, er stieß mit Gewalt, als sollten Nerven und Adern
30 zerspringen, gegen das Kristall – ein schneidender Klang fuhr durch das Zimmer und der Archivarius stand in der Tür in seinem glänzenden damastnen Schlafrock: »Hei, hei! Gesindel, toller Spuk – Hexenwerk – hieher – heisa!« So schrie er. Da richteten sich die schwarzen Haare der Al-
35 ten wie Borsten empor, ihre glutroten Augen erglänzten

Wechselbalg: verunstaltetes Kind, das von bösen Geistern gegen das eigene Kind ausgetauscht wurde

Foliant: großformatiges Buch

Schuppenharnisch: Panzer aus Schuppen

von höllischem Feuer und die spitzigen Zähne des weiten
Rachens zusammenbeißend zischte sie: »Frisch – frisch
'raus – zisch aus, zisch aus«, und lachte und meckerte höh-
nend und spottend und drückte den goldnen Topf fest an
sich und warf daraus Fäuste voll glänzender Erde auf den 5
Archivarius, aber sowie die Erde den Schlafrock berührte,
wurden Blumen daraus, die herabfielen. Da flackerten und
flammten die Lilien des Schlafrocks empor und der Archivarius schleuderte die in knisterndem Feuer brennenden
Lilien auf die Hexe, die vor Schmerz heulte; aber indem sie 10
in die Höhe sprang und den pergamentnen Harnisch
schüttelte, verlöschten die Lilien und zerfielen in Asche.
»Frisch darauf, mein Junge!«, kreischte die Alte, da fuhr der
Kater auf in die Luft und brauste fort nach der Tür über
den Archivarius, aber der graue Papagei flatterte ihm ent- 15
gegen und fasste ihn mit dem krummen Schnabel im Ge-
nick, dass rotes feuriges Blut ihm aus dem Halse stürzte,
und Serpentinas Stimme rief: »Gerettet! – Gerettet!« – Die
Alte sprang voller Wut und Verzweiflung auf den Archivarius los, sie warf den Topf hinter sich und wollte, die langen 20
Finger der dürren Fäuste emporspreizend, den Archivarius
umkrallen, aber dieser riss schnell den Schlafrock herunter
und schleuderte ihn der Alten entgegen. Da zischten und
sprühten und brausten blaue knisternde Flammen aus den
Pergamentblättern und die Alte wälzte sich im heulenden 25
Jammer und trachtete immer mehr Erde aus dem Topfe zu
greifen, immer mehr Pergamentblätter aus den Büchern zu
erhaschen, um die lodernden Flammen zu ersticken, und
wenn es ihr gelang, Erde oder Pergamentblätter auf sich zu
stürzen, verlöschte das Feuer. Aber nun fuhren wie aus 30
dem Innern des Archivarius flackernde zischende Strahlen
auf die Alte. »Hei, hei! Drauf und dran – Sieg dem Salamander!«, dröhnte die Stimme des Archivarius durch das Zimmer und hundert Blitze schlängelten sich in feurigen Kreisen um die kreischende Alte. Sausend und brausend fuhren 35
in wütendem Kampfe Kater und Papagei umher, aber end-

lich schlug der Papagei mit den starken Fittigen den Kater
zu Boden, und mit den Krallen ihn durchspießend und
festhaltend, dass er in der Todesnot grässlich heulte und
ächzte, hackte er ihm mit dem scharfen Schnabel die glü-
5 henden Augen aus, dass der brennende Gischt heraus-
spritzte. – Dicker Qualm strömte da empor, wo die Alte zur
Erde niedergestürzt unter dem Schlafrock gelegen, ihr Ge-
heul, ihr entsetzliches schneidendes Jammergeschrei ver-
hallte in weiter Ferne. Der Rauch, der sich mit durchdrin-
10 gendem Gestank verbreitet, verdampfte, der Archivarius
hob den Schlafrock auf und unter demselben lag eine gars-
tige Runkelrübe. »Verehrter Herr Archivarius, hier bringe
ich den überwundenen Feind«, sprach der Papagei, indem
er dem Archivarius Lindhorst ein schwarzes Haar im
15 Schnabel darreichte. »Sehr gut, mein Lieber«, antwortete
der Archivarius, »hier liegt auch meine überwundene Fein-
din, besorgen Sie gütigst nunmehr das Übrige; noch heute
erhalten Sie als ein kleines Douceur sechs Kokosnüsse und
eine neue Brille, da, wie ich sehe, der Kater Ihnen die Glä-
20 ser schändlich zerbrochen.« – »Lebenslang der Ihrige, verehrungswürdiger Freund und Gönner!«, versetzte der Papagei sehr vergnügt, nahm die Runkelrübe in den Schnabel
und flatterte damit zum Fenster hinaus, das ihm der Archivarius Lindhorst geöffnet. Dieser ergriff den goldnen Topf
25 und rief stark: »Serpentina, Serpentina!« – Aber wie nun
der Student Anselmus hoch erfreut über den Untergang
des schnöden Weibes, das ihn ins Verderben gestürzt, den
Archivarius anblickte, da war es wieder die hohe majestäti-
sche Gestalt des Geisterfürsten, die mit unbeschreiblicher
30 Anmut und Würde zu ihm hinaufschaute. – »Anselmus«,
sprach der Geisterfürst, »nicht du, sondern nur ein feindliches Prinzip, das zerstörend in dein Inneres zu dringen
und dich mit dir selbst zu entzweien trachtete, war schuld
an deinem Unglauben. – Du hast deine Treue bewahrt, sei
35 frei und glücklich.« Ein Blitz zuckte durch das Innere des
Anselmus, der herrliche Dreiklang der Kristallglocken er-

Douceur:
frz. Leckerei,
Belohnung

tönte stärker und mächtiger, als er ihn je vernommen – seine Fibern und Nerven erbebten – aber immer mehr anschwellend dröhnte der Akkord durch das Zimmer, das Glas, welches den Anselmus umschlossen, zersprang und er stürzte in die Arme der holden, lieblichen Serpentina. 5

EILFTE VIGILIE

Des Konrektors Paulmann Unwille über
die in seiner Familie ausgebrochene Tollheit – Wie der Regist-
rator Heerbrand Hofrat worden und im stärksten Froste in
5 *Schuhen und seidenen Strümpfen einherging – Veronikas Ge-*
ständnisse – Verlobung bei der dampfenden Suppenschüssel

»Aber sagen Sie mir nur, wertester Registrator! wie uns
gestern der vermaledeite Punsch so in den Kopf steigen
und zu allerlei Allotriis treiben konnte?« – Dies sprach der
10 Konrektor Paulmann, indem er am andern Morgen in das
Zimmer trat, das noch voll zerbrochener Scherben lag und
in dessen Mitte die unglückliche Perücke in ihre ursprüng-
liche Bestandteile aufgelöset im Punsche umherschwamm.
Als der Student Anselmus zur Tür hinausgerannt war,
15 kreuzten und wackelten der Konrektor Paulmann und der
Registrator Heerbrand durch das Zimmer, schreiend wie
Besessene und mit den Köpfen aneinander rennend, bis
Fränzchen den schwindlichten Papa mit vieler Mühe ins
Bett brachte und der Registrator in höchster Ermattung
20 aufs Sofa sank, welches Veronika, ins Schlafzimmer flüch-
tend, verlassen. Der Registrator Heerbrand hatte sein blaues Schnupftuch um den Kopf gewickelt, sah ganz blass und
melancholisch aus und stöhnte: »Ach, werter Konrektor,
nicht der Punsch, den Mamsell Veronika köstlich bereitet,
25 nein! – sondern lediglich der verdammte Student ist an all
dem Unwesen schuld. Merken Sie denn nicht, dass er
schon längst mente captus ist? Aber wissen Sie denn nicht
auch, dass der Wahnsinn ansteckt? – Ein Narr macht viele;
verzeihen Sie, das ist ein altes Sprichwort; vorzüglich,
30 wenn man ein Gläschen getrunken, da gerät man leicht in
die Tollheit und manövriert unwillkürlich nach und bricht
aus in die Exerzitia, die der verrückte Flügelmann vor-
macht. Glauben Sie denn, Konrektor! dass mir noch ganz
schwindlich ist, wenn ich an den grauen Papagei denke?«

Allotria:
griech. unsinnige
Handlungen

mente captus:
lat. des Verstan-
des beraubt
Exerzitita:
Übungen, Bewe-
gungen
Flügelmann:
beim Exerzieren
am Rand gehen-
der Soldat

Famulus:
Gehilfe

– »Ach was«, fiel der Konrektor ein, »Possen! – Es war ja
der alte kleine Famulus des Archivarii, der einen grauen
Mantel umgenommen und den Studenten Anselmus suchte.« – »Es kann sein«, versetzte der Registrator Heerbrand,
»aber ich muss gestehen, dass mir ganz miserabel zumute ₅
ist; die ganze Nacht über hat es so wunderlich georgelt und
gepfiffen.« – »Das war ich«, erwiderte der Konrektor;
»denn ich schnarche stark.« – »Nun, mag das sein«, fuhr
der Registrator fort, – »aber Konrektor, Konrektor! – nicht
ohne Ursache hatte ich gestern dafür gesorgt, uns einige ₁₀
Fröhlichkeit zu bereiten – aber der Anselmus hat mir alles
verdorben. – Sie wissen nicht – o Konrektor, Konrektor!« –
Der Registrator Heerbrand sprang auf, riss das Tuch vom
Kopfe, umarmte den Konrektor, drückte ihm feurig die
Hand, rief noch einmal ganz herzbrechend: »O Konrektor, ₁₅
Konrektor!« und rannte Hut und Stock ergreifend schnell
von dannen. »Der Anselmus soll mir nicht mehr über die
Schwelle«, sprach der Konrektor Paulmann zu sich selbst,
»denn ich sehe nun wohl, dass er mit seinem verstockten
innern Wahnsinn die besten Leute um ihr bisschen Ver- ₂₀
nunft bringt; der Registrator ist nun auch geliefert – *ich* habe mich bisher noch gehalten, aber der Teufel, der gestern
im Rausch stark anklopfte, könnte doch wohl am Ende einbrechen und sein Spiel treiben. – Also apage Satanas! –

apage Satanas:
lat. Fort mit dir,
Satan

Fort mit dem Anselmus!« – Veronika war ganz tiefsinnig ₂₅
geworden, sie sprach kein Wort, lächelte nur zuweilen
ganz seltsam und war am liebsten allein. »Die hat der Anselmus auch auf der Seele«, sagte der Konrektor voller Bos-
heit, »aber es ist gut, dass er sich gar nicht sehen lässt, ich
weiß, dass er sich vor mir fürchtet – der Anselmus, deshalb ₃₀
kommt er gar nicht her.« Das Letzte sprach der Konrektor
Paulmann ganz laut, da stürzten der Veronika, die eben ge-
genwärtig, die Tränen aus den Augen und sie seufzte: »Ach,
kann denn der Anselmus herkommen? Der ist ja schon
längst in die gläserne Flasche eingesperrt.« – »Wie – was?«, ₃₅
rief der Konrektor Paulmann. »Ach Gott – ach Gott, auch

sie faselt schon wie der Registrator, es wird bald zum Ausbruch kommen. – Ach du verdammter, abscheulicher Anselmus!« – Er rannte gleich fort zum Doktor Eckstein, der lächelte und sagte wieder: »Ei, ei!« – Er verschrieb aber nichts, sondern setzte dem Wenigen, was er geäußert, noch weggehend hinzu: »Nervenzufälle! – Wird sich geben von selbst – in die Luft führen – spazieren fahren – sich zerstreuen – Theater – Sonntagskind – Schwestern von Prag – wird sich geben!« – »So beredt war der Doktor selten«, dachte der Konrektor Paulmann, »ordentlich geschwätzig.« – Mehrere Tage und Wochen und Monate waren vergangen, der Anselmus war verschwunden, aber auch der Registrator Heerbrand ließ sich nicht sehen, bis am vierten Februar, da trat er in einem neuen modernen Kleide vom besten Tuch, in Schuhen und seidenen Strümpfen, des starken Frostes unerachtet, einen großen Strauß lebendiger Blumen in der Hand, mittags Punkt zwölf Uhr in das Zimmer des Konrektors Paulmann, der nicht wenig über seinen geputzten Freund erstaunte. Feierlich schritt der Registrator Heerbrand auf den Konrektor Paulmann los, umarmte ihn mit feinem Anstande und sprach dann: »Heute, an dem Namenstage Ihrer lieben verehrten Mamsell Tochter Veronika, will ich denn nun alles gerade heraus sagen, was mir längst auf dem Herzen gelegen! Damals an dem unglücklichen Abend, als ich die Ingredienzen zu dem verderblichen Punsch in der Tasche meines Matins herbeitrug, hatte ich es im Sinn, eine freudige Nachricht Ihnen mitzuteilen und den glückseligen Tag in Fröhlichkeit zu feiern, schon damals hatte ich es erfahren, dass ich Hofrat worden, über welche Standeserhöhung ich jetzt das Patent cum nomine et sigillo principis erhalten und in der Tasche trage.« – »Ach, ach! Herr Registr – Herr Hofrat Heerbrand, wollte ich sagen«, stammelte der Konrektor. – »Aber Sie, verehrter Konrektor«, fuhr der nunmehrige Hofrat Heerbrand fort, »Sie können erst mein Glück vollenden. Schon längst habe ich die Mamsell Veronika im Stillen ge-

Sonntagskind, Schwestern von Prag: beliebte Singspiele

Ingredienzen: Zutaten

cum nomine et sigillo principis: *lat.* mit der Unterschrift und dem Siegel des Fürsten

liebt und kann mich manches freundlichen Blickes rüh-
men, den sie mir zugeworfen und der mir deutlich gezeigt,
dass sie mir wohl nicht abhold sein dürfte. Kurz, verehrter
Konrektor! – Ich, der Hofrat Heerbrand, bitte um die Hand
ihrer liebenswürdigen Demoiselle Tochter Veronika, die 5
ich, haben Sie nichts dagegen, in kurzer Zeit heimzuführen
gedenke.« – Der Konrektor Paulmann schlug voller Verwunderung die Hände zusammen und rief:»Ei – Ei – Ei –
Herr Registr – Herr Hofrat, wollte ich sagen, wer hätte das
gedacht! – Nun, wenn Veronika Sie in der Tat liebt, ich mei- 10
nesteils habe nichts dagegen; vielleicht ist auch ihre jetzige
Schwermut nur eine versteckte Verliebtheit in Sie, verehrter Hofrat! Man kennt ja die Possen.« – In dem Augenblick
trat Veronika herein, blass und verstört, wie sie jetzt gewöhnlich war. Da schritt der Hofrat Heerbrand auf sie zu, 15
erwähnte in wohlgesetzter Rede ihres Namenstages und
überreichte ihr den duftenden Blumenstrauß nebst einem
kleinen Päckchen, aus dem ihr, als sie es öffnete, ein Paar
glänzende Ohrgehänge entgegenstrahlten. Eine schnelle
fliegende Röte färbte ihre Wangen, die Augen blitzten leb- 20
hafter und sie rief:»Ei, mein Gott! Das sind ja dieselben
Ohrgehänge, die ich schon vor mehreren Wochen trug und
mich daran ergötzte!« – »Wie ist denn das möglich«, fiel
der Hofrat Heerbrand etwas bestürzt und empfindlich ein,
»da ich dieses Geschmeide erst seit einer Stunde in der 25
Schlossgasse für schmähliches Geld erkauft?« – Aber die
Veronika hörte nicht darauf, sondern stand schon vor dem
Spiegel, um die Wirkung des Geschmeides, das sie bereits
in die kleinen Öhrchen gehängt, zu erforschen. Der Konrektor Paulmann eröffnete ihr mit gravitätischer Miene 30
und mit ernstem Ton die Standeserhöhung Freund Heer-
brands und seinen Antrag. Veronika schaute den Hofrat
mit durchdringendem Blick an und sprach:»Das wusste
ich längst, dass Sie mich heiraten wollen. – Nun, es sei! –
Ich verspreche Ihnen Herz und Hand, aber ich muss Ihnen 35
nur gleich – Ihnen beiden nämlich, dem Vater und dem

abhold:
abgeneigt

Demoiselle:
frz. Fräulein

Bräutigam, manches entdecken, was mir recht schwer in Sinn und Gedanken liegt – jetzt gleich, und sollte darüber die Suppe kalt werden, die, wie ich sehe, Fränzchen soeben auf den Tisch setzt.« Ohne des Konrektors und des Hofrats
5 Antwort abzuwarten, unerachtet ihnen sichtlich die Worte auf den Lippen schwebten, fuhr Veronika fort:»Sie können es mir glauben, bester Vater! dass ich den Anselmus recht von Herzen liebte, und als der Registrator Heerbrand, der nunmehr selbst Hofrat worden, versicherte, der Anselmus
10 könne es wohl zu so etwas bringen, beschloss ich, *er* und kein anderer solle mein Mann werden. Da schien es aber, als wenn fremde feindliche Wesen ihn mir entreißen wollten, und ich nahm meine Zuflucht zu der alten Liese, die ehemals meine Wärterin war und jetzt eine weise Frau, ei-
15 ne große Zauberin ist. *Die* versprach, mir zu helfen und den Anselmus mir ganz in die Hände zu liefern. Wir gingen mitternachts in der Tag- und Nachtgleiche auf den Kreuz-weg, sie beschwor die höllischen Geister und mit Hülfe des schwarzen Katers brachten wir einen kleinen Metallspie-
20 gel zustande, in den ich, meine Gedanken auf den Ansel-mus richtend, nur blicken durfte, um ihn ganz in Sinn und Gedanken zu beherrschen. – Aber ich bereue jetzt herzlich, das alles getan zu haben, ich schwöre allen Satanskünsten ab. Der Salamander hat über die Alte gesiegt, ich hörte ihr
25 Jammergeschrei, aber es war keine Hülfe möglich; sowie sie als Runkelrübe vom Papagei verzehrt worden, zerbrach mit schneidendem Klange mein Metallspiegel.« Veronika holte die beiden Stücke des zerbrochenen Spiegels und ei-ne Locke aus dem Nähkästchen, und beides dem Hofrat
30 Heerbrand hinreichend, fuhr sie fort:»Hier nehmen Sie, ge-liebter Hofrat, die Stücke des Spiegels, werfen Sie sie heute Nacht um zwölf Uhr von der Elbbrücke, und zwar von da, wo das Kreuz steht, hinab in den Strom, der dort nicht zu-gefroren, die Locke aber bewahren Sie auf treuer Brust. Ich
35 schwöre nochmals allen Satanskünsten ab und gönne dem Anselmus herzlich sein Glück, da er nunmehr mit der grü-

nen Schlange verbunden, die viel schöner und reicher ist als ich. Ich will Sie, geliebter Hofrat, als eine rechtschaffene Frau lieben und verehren!« – »Ach Gott! – ach Gott«, rief der Konrektor Paulmann voller Schmerz, »sie ist wahnsinnig, sie ist wahnsinnig – sie kann nimmermehr Frau Hofrätin werden – sie ist wahnsinnig!« – »Mitnichten«, fiel der Hofrat Heerbrand ein, »ich weiß wohl, dass Mamsell Veronika einige Neigung für den vertrackten Anselmus gehegt, und es mag sein, dass sie vielleicht in einer gewissen Überspannung sich an die weise Frau gewendet, die, wie ich merke, wohl niemand anders sein kann als die Kartenlegerin und Kaffeegießerin vor dem Seetor – kurz, die alte Rauerin. Nun ist auch nicht zu leugnen, dass es wirklich wohl geheime Künste gibt, die auf den Menschen nur gar zu sehr ihren feindlichen Einfluss äußern, man lieset schon davon in den Alten, was aber Mamsell Veronika von dem Sieg des Salamanders und von der Verbindung des Anselmus mit der grünen Schlange gesprochen, ist wohl nur eine poetische Allegorie – gleichsam ein Gedicht, worin sie den gänzlichen Abschied von dem Studenten besungen.« – »Halten Sie das, wofür Sie wollen, bester Hofrat!«, fiel Veronika ein, »vielleicht für einen recht albernen Traum.« – »Keineswegs tue ich das«, versetzte der Hofrat Heerbrand, »denn ich weiß ja wohl, dass der Anselmus auch von geheimen Mächten befangen, die ihn zu allen möglichen tollen Streichen necken und treiben.« Länger konnte der Konrektor Paulmann nicht an sich halten, er brach los: »Halt, um Gottes willen, halt! Haben wir uns denn etwa wieder übernommen im verdammten Punsch oder wirkt des Anselmi Wahnsinn auf uns? Herr Hofrat, was sprechen Sie denn auch wieder für Zeug? – Ich will indessen glauben, dass es die Liebe ist, die euch in dem Gehirn spukt, das gibt sich aber bald in der Ehe, sonst wäre mir bange, dass auch *Sie* in einigen Wahnsinn verfallen, verehrungswürdiger Hofrat, und würde dann Sorge tragen wegen der Deszendenz, die das Malum der Eltern vererben könnte. – Nun, ich gebe

Kaffeegießerin: Wahrsagerin, die aus dem Kaffeesatz die Zukunft herauszulesen vorgibt

in den Alten: in der Literatur der Antike

Allegorie: Sinnbild

Deszendenz: Nachkommenschaft

Malum: *lat.* Übel, *hier* Krankheit

meinen väterlichen Segen zu der fröhlichen Verbindung und erlaube, dass ihr euch als Braut und Bräutigam küsset.« Dies geschah sofort und es war, noch ehe die aufgetragene Suppe kalt worden, die förmliche Verlobung ge-
5 schlossen. Wenige Wochen nachher saß die Frau Hofrätin Heerbrand wirklich, wie sie sich schon früher im Geiste erblickt, in dem Erker eines schönen Hauses auf dem Neumarkt und schaute lächelnd auf die Elegants hinab, die vorübergehend und herauflorgnettierend sprachen: »Es ist
10 doch eine göttliche Frau, die Hofrätin Heerbrand!«

hinauf-
lorgnettieren:
durch die Lorg-
nette (Stielbrille)
hinaufschauen

ZWÖLFTE VIGILIE

Nachricht von dem Rittergut, das der Anselmus als des Archivarius Lindhorst Schwiegersohn bezogen, und wie er dort mit der Serpentina lebt – Beschluss

Wie fühlte ich recht in der Tiefe des Gemüts die hohe Selig- 5
keit des Studenten Anselmus, der, mit der holden Serpentina innigst verbunden, nun nach dem geheimnisvollen wunderbaren Reiche gezogen war, das er für die Heimat erkannte, nach der sich seine von seltsamen Ahnungen erfüllte Brust schon so lange gesehnt. Aber vergebens blieb 10
alles Streben, dir, günstiger Leser, all die Herrlichkeiten, von denen der Anselmus umgeben, auch nur einigermaßen in Worten anzudeuten. Mit Widerwillen gewahrte ich die Mattigkeit jedes Ausdrucks. Ich fühlte mich befangen in den Armseligkeiten des kleinlichen Alltagslebens, ich er- 15
krankte in quälendem Missbehagen, ich schlich umher wie ein Träumender, kurz, ich geriet in jenen Zustand des Studenten Anselmus, den ich dir, günstiger Leser! in der vierten Vigilie beschrieben. Ich härmte mich recht ab, wenn ich die eilf Vigilien, die ich glücklich zustande gebracht, 20
durchlief und nun dachte, dass es mir wohl niemals vergönnt sein werde, die zwölfte als Schlussstein hinzuzufügen, denn sooft ich mich zur Nachtzeit hinsetzte, um das Werk zu vollenden, war es, als hielten mir recht tückische Geister (es mochten wohl Verwandte – vielleicht Cousins 25
germains der getöteten Hexe sein) ein glänzend poliertes Metall vor, in dem ich mein Ich erblickte, blass, übernächtig und melancholisch, wie der Registrator Heerbrand nach dem Punsch-Rausch. – Da warf ich denn die Feder hin und eilte ins Bett, um wenigstens von dem glücklichen 30
Anselmus und der holden Serpentina zu träumen. So hatte das schon mehrere Tage und Nächte gedauert, als ich endlich ganz unerwartet von dem Archivarius Lindhorst ein Billet erhielt, worin er mir Folgendes schrieb:

Billet:
frz. Briefchen

Ew. Wohlgeboren haben, wie mir bekannt worden, die seltsamen Schicksale meines guten Schwiegersohnes, des vor-
maligen Studenten, jetzigen Dichters Anselmus, in eilf Vigilien beschrieben und quälen sich jetzt sehr ab, in der
5 zwölften und letzten Vigilie einiges von seinem glücklichen
Leben in Atlantis zu sagen, wohin er mit meiner Tochter
auf das hübsche Rittergut, welches ich dort besitze, gezogen. Unerachtet ich nun nicht eben gern sehe, dass Sie
mein eigentliches Wesen der Lesewelt kundgetan, da es
10 mich vielleicht in meinem Dienst als Geh. Archivarius tausend Unannehmlichkeiten aussetzen, ja wohl gar im Colle-
gio die zu ventilierende Frage veranlassen wird: inwiefern
wohl ein Salamander sich rechtlich und mit verbindenden
Folgen als Staatsdiener eidlich verpflichten könne und in-
15 wiefern ihm überhaupt solide Geschäfte anzuvertrauen, da
nach Gabalis und Swedenborg den Elementargeistern
durchaus nicht zu trauen – unerachtet nun meine besten
Freunde meine Umarmung scheuen werden, aus Furcht,
ich könnte in plötzlichem Übermut was Weniges blitzen
20 und ihnen Frisur und Sonntagsfrack verderben – unerachtet alles dessen, sage ich, will ich Ew. Wohlgeboren doch in
der Vollendung des Werks behülflich sein, da darin viel Gutes von mir und von meiner lieben verheirateten Tochter
(ich wollte, ich wäre die beiden übrigen auch schon los)
25 enthalten. Wollen Sie daher die zwölfte Vigilie schreiben,
so steigen Sie Ihre verdammten fünf Treppen hinunter, verlassen Sie Ihr Stübchen und kommen Sie zu mir. Im blauen
Palmbaumzimmer, das Ihnen schon bekannt, finden Sie
die gehörigen Schreibmaterialien und Sie können dann mit
30 wenigen Worten den Lesern kundtun, was Sie geschaut,
das wird Ihnen besser sein als eine weitläufige Beschrei-
bung eines Lebens, das Sie ja doch nur von Hörensagen
kennen. Mit Achtung   Ew. Wohlgeboren
                                                              ergebenster
35   der Salamander Lindhorst
                                          p. t. Königl. Geh. Archivarius.

Collegium:
Kollegenschaft

ventilieren:
hier erörtern

Gabalis und
Swedenborg:
*Der Graf von
Gabalis oder
Gespräche über
die verborgenen
Wissenschaften*
(1670), verfasst
von Henri de
Montfaucon,
Abbé de Villars;
Emanuel von
Swedenborg
(1688–1772),
Naturforscher
und Theosoph
(Mystiker)

p. t.:
pro tempore:
lat. derzeit,
vorläufig

Dies freilich etwas raue, aber doch freundschaftliche Billet des Archivarius Lindhorst war mir höchst angenehm. Zwar schien es gewiss, dass der wunderliche Alte von der seltsamen Art, wie mir die Schicksale seines Schwiegersohns bekannt worden, die ich, zum Geheimnis verpflichtet, dir selbst, günstiger Leser! verschweigen musste, wohl unterrichtet sei, aber er hatte das nicht so übel vermerkt, als ich wohl befürchten konnte. Er bot ja selbst hülfreiche Hand, mein Werk zu vollenden, und daraus konnte ich mit Recht schließen, wie er im Grunde genommen damit einverstanden sei, dass seine wunderliche Existenz in der Geisterwelt durch den Druck bekannt werde. Es kann sein, dachte ich, dass er selbst die Hoffnung daraus schöpft, desto eher seine beiden noch übrigen Töchter an den Mann zu bringen, denn vielleicht fällt doch ein Funke in dieses oder jenes Jünglings Brust, der die Sehnsucht nach der grünen Schlange entzündet, welche er dann in dem Holunderbusch am Himmelfahrtstage sucht und findet. Aus dem Unglück, das den Anselmus betroffen, als er in die gläserne Flasche gebannt wurde, wird er die Warnung entnehmen, sich vor jedem Zweifel, vor jedem Unglauben recht ernstlich zu hüten. Punkt eilf Uhr löschte ich meine Studierlampe aus und schlich zum Archivarius Lindhorst, der mich schon auf dem Flur erwartete. »Sind Sie da – Hochverehrter! – Nun, das ist mir lieb, dass Sie meine guten Absichten nicht verkennen – kommen Sie nur!« – Und damit führte er mich durch den von blendendem Glanze erfüllten Garten in das azurblaue Zimmer, in welchem ich den violetten Schreibtisch erblickte, an welchem der Anselmus gearbeitet. – Der Archivarius Lindhorst verschwand, erschien aber gleich wieder mit einem schönen goldnen Pokal in der Hand, aus dem eine blaue Flamme hoch emporknisterte. »Hier«, sprach er, »bringe ich Ihnen das Lieblingsgetränk Ihres Freundes, des Kapellmeisters Johannes Kreisler. – Es ist angezündeter Arrak, in den ich einigen Zucker geworfen. Nippen Sie was Weniges davon, ich will gleich meinen

Kapellmeister Johannes Kreisler: Figur in mehreren Erzählwerken Hoffmanns, darunter dem Roman *Lebens-Ansichten des Katers Murr* (1820–1822)

Schlafrock abwerfen und zu meiner Lust und um, während Sie sitzen und schauen und schreiben, Ihrer werten Gesellschaft zu genießen, in dem Pokale auf- und niedersteigen.« – »Wie es Ihnen gefällig ist, verehrter Herr Archivarius«, versetzte ich, »aber wenn ich nun von dem Getränk genießen will, werden Sie nicht« – »Tragen Sie keine Sorge, mein Bester«, rief der Archivarius, warf den Schlafrock schnell ab, stieg zu meinem nicht geringen Erstaunen in den Pokal und verschwand in den Flammen. – Ohne Scheu kostete ich, die Flamme leise weghauchend, von dem Getränk, es war köstlich!

Rühren sich nicht in sanftem Säuseln und Rauschen die smaragdenen Blätter der Palmbäume, wie vom Hauch des Morgenwindes geliebkost? – Erwacht aus dem Schlafe, heben und regen sie sich und flüstern geheimnisvoll von den Wundern, die wie aus weiter Ferne holdselige Harfentöne verkünden! – Das Azur löst sich von den Wänden und wallt wie duftiger Nebel auf und nieder, aber blendende Strahlen schießen durch den Duft, der sich wie in jauchzender kindischer Lust wirbelt und dreht und aufsteigt bis zur unermesslichen Höhe, die sich über den Palmbäumen wölbt. – Aber immer blendender häuft sich Strahl auf Strahl, bis in hellem Sonnenglanze sich der unabsehbare Hain aufschließt, in dem ich den Anselmus erblicke. – Glühende Hyazinthen und Tulipanen und Rosen erheben ihre schönen Häupter und ihre Düfte rufen in gar lieblichen Lauten dem Glücklichen zu: Wandle, wandle unter uns, Geliebter, der du uns verstehst – unser Duft ist die Sehnsucht der Liebe – wir lieben dich und sind dein immerdar! – Die goldnen Strahlen brennen in glühenden Tönen: Wir sind Feuer, von der Liebe entzündet. – Der Duft ist die Sehnsucht, aber Feuer das Verlangen, und wohnen wir nicht in deiner Brust? Wir sind ja dein eigen! Es rischeln und rauschen die dunklen Büsche – die hohen Bäume: Komme zu uns! – Glücklicher – Geliebter! – Feuer ist das Verlangen, aber

Tulipanen: Tulpen

Hoffnung unser kühler Schatten! Wir umsäuseln liebend
dein Haupt, denn du verstehst uns, weil die Liebe in deiner
Brust wohnet. Die Quellen und Bäche plätschern und
sprudeln: Geliebter, wandle nicht so schnell vorüber,
schaue in unser Kristall – dein Bild wohnt in uns, das wir 5
liebend bewahren, denn du hast uns verstanden! – Im Ju-
belchor zwitschern und singen bunte Vögelein: Höre uns,
höre uns, wir sind die Freude, die Wonne, das Entzücken
der Liebe! – Aber sehnsuchtsvoll schaut Anselmus nach
dem herrlichen Tempel, der sich in weiter Ferne erhebt. 10

Kapitäler:
hier Kapitelle:
obere Teile von
Säulen

Die künstlichen Säulen scheinen Bäume und die Kapitäler
und Gesimse Akanthusblätter, die in wundervollen Gewin-
den und Figuren herrliche Verzierungen bilden. Anselmus
schreitet dem Tempel zu, er betrachtet mit innerer Wonne
den bunten Marmor, die wunderbar bemoosten Stufen. 15
»Ach nein«, ruft er wie im Übermaß des Entzückens, »sie
ist nicht mehr fern!« Da tritt in hoher Schönheit und Anmut Serpentina aus dem Innern des Tempels, sie trägt den
goldnen Topf, aus dem eine herrliche Lilie entsprossen. Die
namenlose Wonne der unendlichen Sehnsucht glüht in 20
den holdseligen Augen, so blickt sie den Anselmus an,
sprechend: »Ach Geliebter! Die Lilie hat ihren Kelch erschlossen – das Höchste ist erfüllt, gibt es denn eine Seligkeit, die der unsrigen gleicht?« Anselmus umschlingt sie
mit der Inbrunst des glühendsten Verlangens – die Lilie 25
brennt in flammenden Strahlen über seinem Haupte. Und
lauter regen sich die Bäume und die Büsche und heller und
freudiger jauchzen die Quellen – die Vögel – allerlei bunte
Insekten tanzen in den Luftwirbeln – ein frohes, freudiges,
jubelndes Getümmel in der Luft – in den Wässern – auf der 30
Erde feiert das Fest der Liebe! – Da zucken Blitze überall
leuchtend durch die Büsche – Diamanten blicken wie funkelnde Augen aus der Erde! – Hohe Springbäche strahlen
aus den Quellen – seltsame Düfte wehen mit rauschendem
Flügelschlag daher – es sind die Elementargeister, die der 35
Lilie huldigen und des Anselmus Glück verkünden. – Da

erhebt Anselmus das Haupt wie vom Strahlenglanz der Verklärung umflossen. – Sind es Blicke? – Sind es Worte? – Ist es Gesang? – Vernehmlich klingt es: »Serpentina! – Der Glaube an dich, die Liebe hat mir das Innerste der Na-
5 tur erschlossen! – Du brachtest mir die Lilie, die aus dem Golde, aus der Urkraft der Erde, noch ehe Phosphorus den Gedanken entzündete, entspross – sie ist die Erkenntnis des heiligen Einklangs aller Wesen und in dieser Erkenntnis lebe ich in höchster Seligkeit immerdar. – Ja, ich Hoch-
10 beglückter habe das Höchste erkannt – ich muss dich lieben ewiglich, o Serpentina! – Nimmer verbleichen die goldnen Strahlen der Lilie, denn wie Glaube und Liebe ist ewig die Erkenntnis.«

Die Vision, in der ich nun den Anselmus leibhaftig auf sei-
15 nem Rittergute in Atlantis gesehen, verdankte ich wohl den Künsten des Salamanders, und herrlich war es, dass ich sie, als alles wie im Nebel verloschen, auf dem Papier, das auf dem violetten Tische lag, recht sauber und augenscheinlich von mir selbst aufgeschrieben fand. – Aber nun
20 fühlte ich mich von jähem Schmerz durchbohrt und zerrissen. »Ach glücklicher Anselmus, der du die Bürde des alltäglichen Lebens abgeworfen, der du in der Liebe zu der holden Serpentina die Schwingen rüstig rührtest und nun lebst in Wonne und Freude auf deinem Rittergut in Atlan-
25 tis! – Aber ich Armer! – Bald – ja in wenigen Minuten bin ich selbst aus diesem schönen Saal, der noch lange kein Rittergut in Atlantis ist, versetzt in mein Dachstübchen und die Armseligkeiten des bedürftigen Lebens befangen meinen Sinn und mein Blick ist von tausend Unheil wie
30 von dickem Nebel umhüllt, dass ich wohl niemals die Lilie schauen werde.« – Da klopfte mir der Archivarius Lindhorst leise auf die Achsel und sprach: »Still, still, Verehrter! Klagen Sie nicht so! – Waren Sie nicht soeben selbst in Atlantis und haben Sie denn nicht auch dort wenigstens ei-
35 nen artigen Meierhof als poetisches Besitztum Ihres in-

artiger Meierhof: hübscher kleiner Hof neben einem Gut

nern Sinns? – Ist denn überhaupt des Anselmus Seligkeit etwas anderes als das Leben in der Poesie, der sich der heilige Einklang aller Wesen als tiefstes Geheimnis der Natur offenbaret?«

Ende des Märchens

Sachinformationen

Fantastische Literatur und verwandte Textsorten:
Märchen, Mythos, Sage, Fantasy
›Fantastische Literatur‹ ist eine Sammelbezeichnung für Er-
zähltexte, für welche die Doppelbödigkeit von Realität und
Übersinnlichkeit konstitutiv ist. Fantastisch sind all jene litera- 5
rischen Darstellungen, die von der Wahrscheinlichkeit der je-
weiligen historisch-sozialen Erfahrungswerte abweichen, z. B.
indem sie die Grenzen bzw. Gesetze dieser empirischen Wirklichkeit überschreiten und so Unmögliches möglich erscheinen
lassen. Darstellungsmittel sind beispielsweise Motive wie Dop- 10
pelgänger, Böser Blick, Spiegelbild, Déjà-vu-Erlebnis, Alp-
traum oder die Existenz übernatürlicher Wesen.
Im Mittelpunkt der Fantastischen Literatur steht die Darstellung des Außergewöhnlichen, des nie Gesehenen. Figuren machen körperliche und seelische Grenzerfahrungen. Sie beob- 15
achten an sich oder an anderen mysteriöse Phänomene, die zu
einem Bruch der gewöhnlichen Wahrnehmung führen. Dem
Leser Fantastischer Literatur stellt sich oft die Aufgabe, Realität und Irrealität zu unterscheiden, die Grenzen beider Sphä-
ren sind immer wieder fließend. Das in das Alltägliche zumeist 20
unerwartet einbrechende Fantastische erzeugt Affekte, deren
Bandbreite von Sehnsucht bis Grauen reicht.

Verwandt mit der Fantastischen Literatur sind die Textsorten Märchen, Mythos, Sage und Fantasy, die alle Verbindungen zu Hoffmanns *Goldnem Topf* aufweisen.

Die Bezeichnung ›Fantastische Literatur‹ geht wohl auf einen
5 Übersetzungsfehler zurück: E.T.A. Hoffmanns *Fantasiestücke in Callot's Manier* wurden als *Contes fantastiques* (»Fantastische Erzählungen«) ins Französische übersetzt. Richtig lautet die Übersetzung *Contes de la fantaisie* (»Erzählungen aus der Fantasie«).

10 E.T.A. Hoffmann gilt als Wegbereiter des fantastischen Schreibens, z.B. durch seine Werke *Der goldne Topf* (1814), *Die Elixiere des Teufels* (1814/16), *Nussknacker und Mausekönig* (1816) und *Der Sandmann* (1817).

Märchen

15 Als ›Volksmärchen‹ werden zunächst mündlich überlieferte und erst später, wie etwa in der Sammlung der Brüder Grimm, schriftlich fixierte kurze Erzählungen fantastisch-wunderbaren Inhalts bezeichnet. Charakteristisch sind die sprachliche und strukturelle Einfachheit, die typisierten Figuren, der Widerstreit
20 zwischen Gut und Böse und das zumeist glückliche Ende mit der Belohnung des Guten und der Bestrafung des Bösen.

Kunstmärchen sind dagegen die Kreation eines Autors. Als längere Erzählungen mit vielschichtiger Botschaft, elaborierter

Sprache und komplexer Struktur wenden sie sich an ein gebildetes Publikum. Der für das ›Volksmärchen‹ typischen Selbstverständlichkeit des Wunderbaren steht beim Kunstmärchen häufig eine ironisch-verfremdende Verbindung von Wirklichem und Fantastischem gegenüber. Hoffmanns *Goldner Topf* gilt ₅ als einer der Höhepunkte in der Entwicklung des Kunstmärchens.

Mythos

Mythen sind Erzählungen über Götter, Helden und Dämonen, über Entstehung und Untergang der Welt, Naturerscheinun- ₁₀ gen und Welträtsel im Allgemeinen.

Mythen gelten auch heute als im Kern wahre, sinnstiftende Erzählungen. In bildhaft anschaulicher Sprache vergegenwärtigt der Mythos häufig ur- oder frühzeitliche Ereignisse und liefert zugleich religiöse oder allgemein transzendentale Orientie- ₁₅ rung, z. B. als ethisches Wertesystem. Mythen sind nicht nur konstitutive Bestandteile von Religionen (z. B. die Erzählung von der Erschaffung der Welt im 1. Buch Mose), sondern in vielfacher Weise auch Thema der Literatur. Vor allem die griechische Mythologie hat in der deutschsprachigen Literatur ei- ₂₀ ne breite Rezeption gefunden.

Im *Goldnen Topf* greift der Autor mit dem Atlantis-Mythos – in freier Gestaltung – einen Mythos der griechischen Antike auf, der mit der Utopie des Goldenen Zeitalters (erwähnt z. B. in Platons *Timaios*) verknüpft ist: die Vorstellung eines gesell- ₂₅ schaftlichen Idealzustandes in der Urphase der Menschheit, der von Friedfertigkeit, sozialer Gerechtigkeit und der Harmonie zwischen Mensch und Natur geprägt gewesen sei – bis Egoismen diese Welt zerstörten und das Ideal in neuer Form wieder anzustreben ist. ₃₀

Sage

Ähnlich wie bei Märchen handelt es sich bei Sagen um im Volk entstandene, mündlich überlieferte fantastische Geschichten, deren Urheber unbekannt bleiben. Mit dem Märchen ver-

gleichbar ist auch die Einfachheit der Sprache und der Erzähl-
struktur. Im Unterschied zum naiven Verständnis des Wunderbaren im Märchen und seiner Orts- und Zeitlosigkeit nennt die
Sage Orte, Zeiten und Personen und erhebt so einen Wahr-
5 heitsanspruch. Auch wird die Begegnung mit dem Übernatürlichen, das häufig als etwas Bedrohliches erscheint, mit der
Wirklichkeit verknüpft und durch Zeugen beglaubigt.
Das thematische Spektrum der Sagen umfasst die Auseinandersetzung des Menschen mit sich selbst und der Natur, mit
10 historischen Ereignissen und der transzendenten Welt. Indem
die Sage versucht, anthropologische Grundsituationen verständlich zu machen und Unerklärliches zu erklären, gilt sie als
literarische Urform und steht in der Nähe zum Mythos.
Unterscheiden lassen sich ›Volkssagen‹ sowie Götter- und Hel-
15 densagen. Zu den ›Volkssagen‹ gehören alle Erzählungen, die
von fantastischen Wesen mit übernatürlichen Kräften handeln,
z. B. von Zwergen, Riesen, Elfen, Zauberern. Heldensagen sind
mit frei ausgestalteten, überhöhten historischen Ereignissen
und Personen verknüpft, die sich in besonderer Weise durch
20 Klugheit, Tapferkeit und Großmut auszeichnen. Göttersagen,
häufig mit Schöpfungsmythen verbunden, thematisieren den
Dualismus von Götter- und Menschenwelt.

Fantasy

Der von engl. *fantasy literature* abgeleitete Begriff bezeichnet
25 ein Genre erzählender fiktionaler Literatur, die eine Welt des
Übernatürlichen und Magischen thematisiert und gestaltet.
Dem Märchen vergleichbar ist das Figurenrepertoire, auch
wird das Wunderbare dieser Gegenwelt als real angenommen.
Unterschiede gegenüber dem Märchen liegen in der komple-
30 xeren Handlungsstruktur, der stärker elaborierten Sprache, der
differenzierteren Figurenzeichnung und Ortsbeschreibung.
Fantasy-Erzählungen greifen häufig auf Stoffe, Motive und
Gestaltungselemente von Mythen und Sagen zurück. Im Unterschied zum Mythos vermitteln Fantasy-Erzählungen jedoch
35 kein geschlossenes Weltbild mit religiösen oder allgemein

transzendentalen Botschaften. Typische Handlungsträger sind Zwerge, Elfen, Kobolde und Drachen, auch erfundene Fabelwesen sowie anthropomorphe Tiere. Der Widerstreit zwischen Gut und Böse, mithin zwischen weißer und schwarzer Magie, ist ein essenzielles Thema der meist im Mittelalter spielenden Fantasy.

E.T.A. Hoffmann gilt wegen der für ihn typischen Verbindung von wirklicher und fantastischer Welt als Vorläufer der Fantasy. Prominente Beispiele für dieses Genre sind J.R.R. Tolkiens *The Hobbit* (1937) und *The Lord of the Rings* (1954/55), C.S. Lewis' *Narnia*-Zyklus (1950–1956) und J.K. Rowlings *Harry Potter*-Romane (1997 ff.).

Literatur

Durst, Uwe: Theorie der phantastischen Literatur. 2. Aufl. Berlin, Münster: Lit 2010

Metzler Lexikon Literatur. Begriffe und Definitionen. Hg. von Dieter Burdorf, Christoph Fasbender und Burkhard Moenninghoff. 3., völlig neu bearb. Auflage. Stuttgart, Weimar: J.B. Metzler 2007, S. 230 f. (Art. Fantasy), S. 413 f. (Art. Kunstmärchen), S. 472–474 (Art. Märchen), S. 524 f. (Art. Mythos), S. 581 f. (Art. Phantastische Literatur), S. 674 f. (Art. Sage)

Wilpert, Gero von: Sachwörterbuch der Literatur. 8., verbesserte und erweiterte Auflage. Stuttgart: Kröner 2001, S. 260 (Art. Fantasy-Literatur), S. 494–497 (Art. Märchen), S. 541–543 (Art. Mythos), S. 714 f. (Art. Sage)

Zondergeld, Rein A./Wiedenstried, Holger E.: Lexikon der phantastischen Literatur. Stuttgart u. a.: Weitbrecht 1998

Hoffmann und die Musik

E.T.A. Hoffmann hielt sich anfangs eher für einen Komponisten als für einen Dichter und versuchte zunächst, im Bereich der Musik Fuß zu fassen. Neben zahlreichen Kompositionen – darunter der erfolgreichen Oper *Undine* (1814) – beschäftigte er sich theoretisch wie auch in fiktionalen Texten mit der Musik. Die *Kreisleriana* (1810–15), dreizehn Geschichten um den fiktiven Kapellmeister Johannes Kreisler, gelten als eines seiner bedeutendsten Werke.

Als Musikdirektor in Dresden und Leipzig inszenierte und leitete er im Oktober 1813 und im Februar 1814 einige Aufführungen von Mozarts Oper *Die Zauberflöte*. Obwohl Emanuel Schikaneders Libretto zur *Zauberflöte* sich als Ganzes stark
5 von der Handlung des *Goldnen Topfs* unterscheidet, sind doch gewisse Einflüsse unverkennbar. So geht es z. B. hier wie da um die Auseinandersetzung zwischen Gut und Böse, Licht und Finsternis, die je von einem Repräsentanten vertreten werden: Bei Schikaneder bzw. Mozart sind es Sarastro und die Königin
10 der Nacht, bei Hoffmann Lindhorst und die Rauerin. In beiden Werken gilt es für den Protagonisten eine Bewährungsprobe zu bestehen, um seine Angebetete zu erringen, und auch die morgenländische Ornamentik ist vergleichbar: Das Palmbaumzimmer des Archivarius erinnert an den Palmwald Sarastros, in
15 dem die Bäume goldene Blätter tragen.

Wie in fast allen Werken Hoffmanns spielt die Musik, spielen Klänge und Töne auch im *Goldnen Topf* eine wichtige Rolle. Schon zu Beginn des Märchens sind Kristallglocken und »herrlicher Gesang von tausend Flötenstimmen« zu hören (Erste Vi-
20 gilie, S. 25). Und immer wieder tauchen Hinweise auf die Musik auf, wobei scharf unterschieden wird zwischen dem Musikverständnis des Dresdner Spießbürgers (»Musik von Blasinstrumenten«, Erste Vigilie, S. 20) und der »wunderbare[n] Musik des Gartens« (Achte Vigilie, S. 83).

Literatur

Keil, Werner: Das Musikalische Werk. In: Kremer, Detlef (Hg.): E.T.A. Hoffmann. Leben – Werk – Wirkung. Berlin, New York: De Gruyter 2009, S. 413–448

Safranski, Rüdiger: E.T.A. Hoffmann. Das Leben eines skeptischen Phantasten. München, Wien: Hanser 1984

Hoffmann und die Romantik

Die Romantik war nicht romantisch – jedenfalls nicht in dem Sinne, wie wir heute »romantisch« im alltäglichen Sprachgebrauch verwenden. Sie war eine Epoche schillernder Gegensätze, die in vielfältigster Brechung ihre Bedingungen reflektierte. Ihr Programm war nicht die realistische Darstellung der äußeren Welt, sondern sie versuchte im Gegenteil, die Komplexität des menschlichen Daseins auszuleuchten – ohne dabei zu glauben, diese je adäquat abbilden zu können. Traum und Wirklichkeit, Märchen und Gesellschaftskritik, Vergangenheit und Gegenwart, Endliches und Unendliches, Ernst und Humor verbinden sich in romantischen Texten. So suchte man beispielsweise das Metaphysische, Religiöse, das man oft auch und gerade in der Natur zu finden glaubte, und Empfindungen, positiver wie negativer Art, spielten eine sehr große Rolle. Bisweilen interessierte man sich gar für das Mysteriöse, ja Gespenstische und für die dunklen Seiten des menschlichen Inneren wie Schwermut, Persönlichkeitsspaltung, Wahnsinn und Verbrechen. Zugleich aber war die Romantik eine Epoche mit einer Literatur voll klarsichtigen Scharfsinns, die das Spießbürgertum ihrer Zeit geißelte, sich aber sofort auch auf sich selbst besann und so zur augenzwinkernden Selbstironie wurde. Die Vielzahl der romantischen Themen und die Vielschichtigkeit ihrer Darstellung zeigen die Tendenz der Epoche, sich dem Betrachter immer mehr zu entziehen, je fester er sie in den Griff zu bekommen versucht.

Was berechtigt die Literaturgeschichte also überhaupt, von einer so vielschichtigen literarischen Bewegung wie der Romantik, zu der Novalis ebenso gezählt wird wie E.T.A. Hoffmann, Friedrich Schlegel genauso wie Caroline von Günderrode, als von einer Epoche zu sprechen?

Die geistige Klammer der Romantik ist die Poesie. Romantische Kunst war eine allumfassende Kunst, und die romantischen Dichter waren nicht selten gleichzeitig begabte Maler, Komponisten oder Philosophen.

»Poesie« – dieses Zauberwort der Epoche schließt alles in sich ein, was die Romantik ausmacht. Es meint nicht nur »Dichtkunst«, sondern ist vielmehr ein Ausdruck für das Verlangen des Menschen nach Unendlichkeit. Musik, Malerei und Literatur wollen etwas Nicht-Fassbares vermitteln, sie wollen dem Leben einen Sinn geben, den sie jedoch nur annäherungsweise in Worte, Töne oder Bilder fassen können. Der Begriff ist eine Metapher für das Nicht-Abbildbare schlechthin, womit auch das Unsichtbare, Unbewusste, Unendliche (der Kosmos wie auch das Bewusstsein) eingeschlossen sind.

Auch für Hoffmann dienen Kunst und Literatur als Auslöser für Prozesse im eigenen Inneren, als Mittel, sich und die Welt um sich herum assoziativ zu erfahren, zu erleben. Sie sind eben »Himmelsleitern«, die – zumindest bei manchen Texten – durchaus auch in die Hölle des eigenen tieferen Ich führen können – auf jeden Fall aber weg von einer als unpoetisch und belastend erfahrenen Umwelt.

Literatur

Feldges, Brigitte/Stadler, Ulrich: E.T.A. Hoffmann. Epoche – Werk – Wirkung. München: C.H. Beck 1986

Safranski, Rüdiger: E.T.A. Hoffmann. Das Leben eines skeptischen Phantasten. München, Wien: Hanser 1984

Steinecke, Hartmut: E.T.A. Hoffmann. In: Bunzel, Wolfgang (Hg.): Romantik. Epoche – Autoren – Werke. Darmstadt: WBG 2010, S. 169–182

Romantische Ironie

›Romantische Ironie‹ umschreibt die unüberwindliche Schwierigkeit romantischer Dichtung, etwas zu formulieren, das nur assoziativ zu erahnen ist und über die sprachliche Beschreibbarkeit hinausgeht. Daher ist auch der Begriff selbst nicht konkret zu fassen, geschweige denn abschließend zu definieren, weil er etwas umschreibt, was jenseits der Ausdrucksmöglichkeiten von Sprache liegt. Zu den Verfahren der romantischen Ironie gehört etwa die Selbstreflexivität, also die Bezugnahme auf den Akt des Erzählens im erzählten Text, womit die Fiktion durchbrochen wird.

Literatur

Borries, Erika von / Borries, Ernst von: Deutsche Literaturgeschichte.
Bd. 5: Romantik. München: dtv 1997

Kremer, Detlef: Romantische Ironie. In: Ders. (Hg.): E.T.A. Hoffmann.
Leben – Werk – Wirkung. Berlin, New York: De Gruyter 2009, S. 49 f.

Lindenhahn, Reinhard: Romantik. Texte, Übungen.
Berlin: Cornelsen Verlag 2006 (Arbeitshefte zur Literaturgeschichte)

Metzler Lexikon Literatur. Begriffe und Definitionen. Hg. von Dieter
Burdorf, Christoph Fasbender und Burkhard Moenninghoff. 3., völlig neu
bearb. Auflage. Stuttgart, Weimar: J. B. Metzler 2007, S. 360 (Art. Ironie)

Die Sprache des Traums

Im 18. Jahrhundert unterbreitete der Arzt Franz Friedrich Anton Mesmer (1734–1815) der Öffentlichkeit seine Theorie vom »tierischen Magnetismus«, einer Vorform der Hypnose, als Heilmittel gegen Krankheiten verschiedenster Art. Nach- 5 dem er zwischenzeitlich in Vergessenheit geraten war, griffen die Künstler der Romantik Mesmers Gedanken wieder auf und erweiterten sie beträchtlich. Der Mediziner, Lehrer und Naturphilosoph Gotthilf Heinrich Schubert verfasste im Jahr 1808 ein Buch mit dem Titel: *Ansichten von der Nachtseite der Na-* 10 *turwissenschaft,* in dem er die Ansicht vertrat, das magnetische Zentrum des Menschen sei das Herz und die ganze belebte Welt sei »magnetisch«. Damit glaubte er die »Verbindung aller Weltkörper zu einem Ganzen« entdeckt zu haben, eine Art »romantischer Weltformel« also. Noch mehr Bedeutung er- 15 langte jedoch seine *Symbolik des Traums* (1814), in der er eine frühe Theorie des Unbewussten entwickelte. Dieses Werk gehörte zu den einflussreichsten Büchern seiner Zeit. Schubert erklärte darin zum ersten Mal den Traum als festen Bestandteil des Lebens und als etwas Natürliches. Die »Sprache« des 20 Traums ist demnach unabhängig vom Wort, sie spricht durch Bilder und vereint damit all das, was Dichtung, Musik und Malerei voneinander unterscheidet: Sie ist bildhaft und doch dynamisch, assoziativ und doch informativ, sie ist nicht an Zeit und Raum gebunden, ist grenzenlos, und das alles in verkürz- 25 ter, alles umfassender Form. Damit, so Schubert, entspricht die Sprache des Traumes der Komplexität der Welt viel eher als jede Form von Darstellungsversuchen, die an das Bewusstsein geknüpft sind.

Während Hoffmann dem Magnetismus interessiert, aber skeptisch gegenüberstand und die magnetischen Heilmethoden kritisch thematisierte, entnahm er Schuberts Traumtheorie wichtige Impulse für sein Werk.

Literatur

Feldges, Brigitte/Stadler, Ulrich: E.T.A. Hoffmann. Epoche – Werk – Wirkung. München 1986, S. 24–30

Lindenhahn, Reinhard: Romantik. Texte, Übungen.
Berlin: Cornelsen Verlag 2006 (Arbeitshefte zur Literaturgeschichte)

Safranski, Rüdiger: E.T.A. Hoffmann. Das Leben eines skeptischen Phantasten. München, Wien: Hanser 1984

Siebenpfeiffer, Hania: Mesmerismus/Magnetismus.
In: Kremer, Detlef (Hg.): E.T.A. Hoffmann. Leben – Werk – Wirkung.
Berlin, New York: De Gruyter 2009, S. 61 f.

Wührl, Paul-Wolfgang: E.T.A. Hoffmann, Der goldne Topf. Die Utopie einer ästhetischen Existenz. Paderborn u. a.: Schöningh 1988

Materialien

Briefe Hoffmanns an den Verleger C. F. Kunz in Bamberg aus der Entstehungszeit des *Goldnen Topfs*

16. Januar 1814

Ich glaube Ihnen eine Gemütsergötzlichkeit zu bereiten, wenn ich Ihnen anliegend die Reinschrift der ersten vier 5 Vigilien meines Märchens sende, das ich selbst für exotisch und in der Idee neu halte; die Idee, die ich beabsichtigt, spricht sich im Anfange der vierten Vigilie aus.

Hoffmann, E. T. A.: Sämtliche Werke in sechs Bänden. Hg. von Hartmut Steinecke et al. Bd. 6. Hg. von Gerhard Allroggen, Friedhelm Auhuber, Hartmut Mangold, Jörg Petzel und Hartmut Steinecke. Frankfurt a. M.: Deutscher Klassiker Verlag 2004, S. 15 (Auszug)

4. März 1814

Wir haben hier mehrere Tage hindurch (in den letzten Ta- 10 gen des Februar) 16 bis 18 Grad Kälte gehabt; die Proben der *Camilla* und höchst unvernünftiger Opern-Ballette [...] in dieser strengen Kälte im ungeheizten Theater von 9 bis 1 Uhr zogen mir rheumatische Beschwerden zu, die sich zu meiner Pein und Qual auf die Brust warfen, so daß ich 15 durch einen schnellen Aderlaß (der erste in meinem Leben) und durch siebentausend acht hundert und vierzig andere Mittel nur der wirklichen Brustentzündung und vielleicht dem Tode entging – Schreiber dieses sitzt in diesem Augenblick auf dem Bette, hinter seinem Rücken tür- 20

men sich eine Unzahl Kissen auf, die Füße sind mit Flanell umwickelt und Betten drüber gelegt – die Handgelenke sind mit Müffchen umwickelt – Schreiber dieses
5 sieht *circiter* so aus:
Lassen die unsäglichen
Schmerzen, die ich noch
zuweilen leide, nur etwas
nach, so bin ich bei der
10 besten Laune, auch versi-
chert mir der Arzt, daß an
langwierige Folgen nicht
zu denken.

circiter:
lat. ungefähr

quod deus bene
vertat:
lat. was Gott
zum Guten
wenden möge

Ebd., S. 19 (Auszug)

24. März 1814
15 Unter andern ist mir auch die Musik-Direktor-Stelle in Königsberg angetragen worden, wofür ich, sollte ich an Leipzig noch weniger gefesselt sein, *pour jamais* gedankt habe.
Sie wollten mir 258,430 Taler Gehalt geben, – das ist aber
Lumpengeld für einen, der das ganze Eldorado besitzt!
20 Gestern Abend [...] vertiefte ich mich in die Wissenschaften, das heißt in die geheimen und zwar – ich legte Karten!
– da klopfte es aber, und der Konrektor Paulmann aus
Dresden trat herein mit vielen Empfehlungen vom Hofrat

pour jamais:
frz. für niemals,
hier für immer

Heerbrand! – Dieser gute hat viel gelitten, er machte sieben Sonnette und eine Glosse, die Ärzte sagten aber nachher, das sei bloß ein zurückgetretener Schnupfen, nebst etwas metrischem Fieber.

Ebd., S. 28 f. (Auszug)

Lokale Spuren in Hoffmanns Märchen

In Dresden wohne ich – auf dem Lande! – d. h. vor dem Schwarzen Tore auf dem Sande in einer Allee, die nach dem Linkischen Bade führt. Aus meinem mit Weinlaub umrankten Fenster übersehe ich einen großen Teil der herrlichen Elbgegend, d. h. jenseits des freundlichen Stroms einen Teil der sächsischen Schweiz, Königstein, Lilienstein u. s. w. Gehe ich nur zwanzig Schritte von der Türe fort, welches ich so oft ich will in Mütze und Pantoffeln mit der Pfeife im Munde tun kann, so liegt das herrliche Dresden mit seinen Kuppeln und Türmen vor mir ausgebreitet, und über denselben ragen die fernen Felsen des Erzgebirges hervor. Will ich weiter gehen, so wende ich mich nach der bretternen Saloppe – der stillen Musik – dem lustigen Winzer – dem spanischen Kragen – lauter possierliche Namen von nah gelegenen Weinbergen an der Elbe, wo man Erfrischungen bekömmt und Gesellschaft findet.

E. T. A. Hoffmann an Dr. med. Friedrich Speyer in Bamberg, 13. Juli 1813 (Auszug). In: Hoffmann, E. T. A.: Sämtliche Werke in sechs Bänden. Hg. von Hartmut Steinecke et al. Bd. 1. Hg. von Gerhard Allroggen, Friedhelm Auhuber, Hartmut Mangold, Jörg Petzel und Hartmut Steinecke. Frankfurt a. M.: Deutscher Klassiker Verlag 2003, S. 291

Die Bilderwelt des Jacques Callot

Der Zeichner und Kupferstecher Jacques Callot (1592–1635) schuf neben Kriegsbildern, die die Gräuel des Dreißigjährigen Krieges thematisierten, auch zahlreiche skurrile, fantasievolle Werke, die E. T. A. Hoffmann inspirierten. *Der goldne Topf* ist der dritte Band einer vierteiligen Sammlung, die Hoffmann als *Fantasiestücke in Callot's Manier* bezeichnete, was allein

Fantasiestücke in Callot's Manier: literarische Gemälde in der Art von Callot

schon dessen Einfluss auf ihn deutlich macht. In seinem Vorwort zu dieser Sammlung schreibt Hoffmann u. a.:

Warum kann ich mich an deinen sonderbaren fantastischen Blättern nicht sattsehen, du kecker Meister! [...]
5 Selbst das Gemeinste aus dem Alltagsleben – sein Bauerntanz, zu dem Musikanten aufspielen, die wie Vögelein in den Bäumen sitzen, – erscheint in dem Schimmer einer gewissen romantischen Originalität, so daß das dem Fantastischen hingegebene Gemüt auf eine wunderbare Weise
10 davon angesprochen wird. [...] Könnte ein Dichter oder Schriftsteller, dem die Gestalten des gewöhnlichen Lebens in seinem innern romantischen Geisterreiche erscheinen, und der sie nun in dem Schimmer, von dem sie dort umflossen, wie in einem fremden wunderlichen Putze dar-
15 stellt, sich nicht wenigstens mit diesem Meister entschuldigen und sagen: Er habe in Callots Manier arbeiten wollen?

romantisch: hier romanhaft, einem fiktionalen Text entnommen

Hoffmann, E. T. A.: Fantasiestücke in Callots Manier. I. Jaques Callot.
In: Ders.: Fantasie- und Nachtstücke. 6. Aufl.
Düsseldorf, Zürich: Artemis & Winkler 1996, S. 12 f. (Auszug)

J. Callot: Die Versuchung des hl. Antonius (Radierung, 1635)

Der Punsch und die dichterische Fantasie

[...] gewiß ist es, daß eben in der glücklichen Stimmung, ich möchte sagen, in der günstigen Konstellation, wenn der Geist aus dem *Brüten* in das *Schaffen* übergeht, das geistige Getränk den regeren Umschwung der Ideen beför- 5 dert. – Es ist gerade kein edles Bild, aber mir kommt die Fantasie hier vor, wie ein Mühlrad, welches der stärker anschwellende Strom schneller treibt – der Mensch gießt Wein auf, und das Getriebe im Innern dreht sich rascher! – Es ist wohl herrlich, daß eine edle Frucht das Geheimnis in 10 sich trägt, den menschlichen Geist in seinen eigensten Anklängen auf eine wunderbare Weise zu beherrschen. – Aber was in diesem Augenblick da vor mir im Glase dampft, ist jenes Getränk, das noch wie ein geheimnisvoller Fremder, der, um unerkannt zu bleiben, überall seinen 15 Namen wechselt, keine allgemeine Benennung hat, und durch *den* Prozeß erzeugt wird, wenn man Kognak, Arrak oder Rum anzündet und auf einem Rost darüber gelegten Zucker hineinträufeln läßt. – Die Bereitung und der mäßige Genuß dieses Getränkes hat für mich etwas Wohltätiges 20 und Erfreuliches. – Wenn so die blaue Flamme emporzuckt, sehe ich wie die Salamander glühend und sprühend herausfahren und mit den Erdgeistern kämpfen, die im Zucker wohnen. Diese halten sich tapfer; sie knistern in gelben Lichtern durch die Feinde, aber die Macht ist zu groß, 25 sie sinken prasselnd und zischend unter – die Wassergeister entfliehen, sich im Dampfe emporwirbelnd, indem die Erdgeister die erschöpften Salamander herabziehen und im eignen Reiche verzehren; aber auch sie gehen unter und kecke neugeborne Geisterchen strahlen in glühendem Rot 30 herauf, und was Salamander und Erdgeist im Kampfe untergehend geboren, hat des Salamanders Glut und des Erdgeistes gehaltige Kraft.

Hoffmann, E. T. A.: Fantasiestücke in Callots Manier. III. Kreisleriana. 5. Höchst zerstreute Gedanken. In: Ders.: Fantasie- und Nachtstücke. 6. Aufl. Düsseldorf, Zürich: Artemis & Winkler 1996, S. 49–58, hier S. 56

Hoffmann als Richter

1817 fand man am Rande von Berlin den Tabakspinnerge-
sellen Daniel Schmolling neben seiner tödlich verwunde-
ten Verlobten. Er gab zu, sie erstochen zu haben, und wur-
5 de inhaftiert und wegen Mordes vor Gericht gestellt.
Obwohl die Tat vorsätzlich ausgeführt worden war, gab es
kein erkennbares Motiv, nur einen mysteriösen Drang, der
ihn dazu getrieben hatte. In Ermangelung eines Motivs für
das Verbrechen erbat Schmollings Verteidiger das Exper-
10 tengutachten eines Psychiaters, eines gewissen Dr. Merzdorff. Kraft des psychiatrischen Befunds, dass sich Schmolling zum Zeitpunkt der Tat geistig nicht in der Gewalt
gehabt habe, argumentierte die Verteidigung, dass der An-
geklagte nicht für den Mord zur Verantwortung zu ziehen
15 sei, wohl aber in Polizeigewahrsam bleiben sollte. Das Verbrechen, so Merzdorff, sei ein Ausbruch von Schmollings
sonst nur latent vorhandener Form des Wahnsinns, die
sich weder körperlich noch geistig zu erkennen gebe und
von den medizinischen Experten »amentia occulta« ge-
20 nannt werde. Der Richter weigerte sich, die medizinische
Erklärung anzuerkennen, und befand den Angeklagten für
des Mordes schuldig.

amentia occulta:
lat. verborgener
Wahnsinn

Das Urteil wurde vom Berufungsgericht bestätigt. In seiner
Darstellung des juristischen Sachverhalts zitierte der Rich-
25 ter im Berufungsverfahren die neueste psychiatrische
Fachliteratur, nach der »amentia occulta« als medizini-
scher Entlastungsgrund wissenschaftlich unhaltbar sei.
Das Fehlen eines Tatmotivs reiche als Beweis für die Geis-
teskrankheit des Verteidigten nicht aus. Darüber hinaus
30 erweise auch die philosophische Betrachtung des Sachverhalts, dass eine letztgültige Einsicht in das, was eine Person zu ihren Entscheidungen veranlasst, dieser Person ver-
borgen bleibt. Folglich sei die fehlende Verfügbarkeit eines
klaren Motivs kein Kriterium für die Unterscheidung zwi-
35 schen dem Normalen und dem Pathologischen. Der Beru-

fungsrichter, der hier seine Meinung ausführte, war
E. T. A. Hoffmann (1776–1822).

Mücke, Dorothea E. von: 1818. Daniel Schmolling wird für die Ermordung
seiner Verlobten hingerichtet. Das Okkulte, das Phantastische und die
Grenzen des Rationalen. In: Eine neue Geschichte der deutschen
Literatur. Hg. von David E. Wellbery et al. Übersetzt von Christian Döring
et al. Berlin: Berlin University Press 2007 (Lizenzausgabe für die WBG),
S. 658–663, hier S. 658

Der Mensch E. T. A. Hoffmann

*Der Schriftsteller und Redakteur Stephan Schütze über eine
Begegnung mit Hoffmann im Jahr 1820:*
Dabei zeigte sich, daß es ihm nicht etwa um Unterhaltung
und Witz, sondern um das Lustige selbst mit zu seiner ei- 5
genen Belustigung zu thun war. Die Welt lag vor ihm da,
die ewige Quelle der Poesie. Er irrte nicht in den Schranken
seiner Dichtungen [umher], er schwebte über sie hinaus,
sich selbst vergessend, ein freudiger Geist in dem weiten
Weltall. O herrlich, Dichter, so gefällst du mir! In den meis- 10
ten sieht man nur Wächter ihres Ruhms. Allem Scheinwe-
sen feind und gradezu auf die Sache gehend mußte mir
Hoffmann ganz und gar zusagen, eben so wie einst Heinrich von Kleist, der aber die Wahrheit mit heiligerem Eifer
suchte. 15

Schütze, Stephan: Ueber Hoffmann (1824). In: E. T. A. Hoffmann in
Aufzeichnungen seiner Freunde und Bekannten. Eine Sammlung von
Friedrich Schnapp. München: Winkler 1974, S. 559 f., hier S. 560

*Julius Eduard Hitzig: Aus Hoffmanns Leben und Nachlaß
(1822/23)*
[...] In seiner ganzen äußern Erscheinung fiel am meisten
eine außerordentliche Beweglichkeit auf, die auf das
Höchste gesteigert wurde, wenn er erzählte. Seine Begrü- 20
ßungen beim Empfang und Abschied, mit wiederholten
ganz kurzen, schnellen Beugungen des Nackens, ohne daß
der Kopf sich dabei bewegte, hatten etwas Fratzenhaftes

und konnten leicht als Ironie erscheinen, wenn der Eindruck, den die seltsame Gebärde machte, nicht durch sein sehr freundliches Wesen bei solchen Veranlassungen gemildert worden wäre.

5 Er sprach mit unglaublicher Schnelle und mit einer etwas heiseren Stimme, so daß er, vorzüglich in den letzten Jahren seines Lebens, wo er einige Vorderzähne verloren hatte, sehr schwer zu verstehen war.

Wenn er erzählte, war es immer in ganz kurzen Sätzen; 10 nur, wenn die Rede auf Kunstsachen kam und er in Begeisterung gerät, ein Zustand, vor dem er sich aber zu hüten schien, bildete er lange, schöne, gerundete Perioden.

Ebd., S. 703–712, hier S. 704

Über E. T. A. Hoffmann und seinen Freund der Berliner Jahre,
den Schauspieler Ludwig Devrient:

15 In Devrient fand Hoffmann, in Hoffmann fand Devrient zum ersten Male den Ebenbürtigen in hypertrophischer Phantasie, überschäumendem Temperament und gewaltiger Darstellungskraft. Sie trafen sich in ihrer Grundanschauung vom Leben: Nur ein »Leben in Poesie«, nur ein 20 »Leben in Ekstase« war ihnen möglich und wert. Sie trafen sich in ihrer Grundanschauung von der Kunst: Auf dem Boden des Naturgefühls, auf dem Boden der Wahrheit galt es, die Rätsel des Lebens zu entschleiern und sie mit phantastisch gewaltigen, exzentrisch kühnen Mitteln zu gestalten. 25 Und gerade weil diese Mittel ihrer Begabung nach so verschieden waren, deshalb konnten sich der Meister der Wortkunst und der Meister der Körperkunst so herrlich gegenseitig inspirieren und befruchten. Das unvergleichliche Mienenspiel des Schauspielers regte den Dichter zu immer 30 neuen Gestalten an, und manches funkelnde Wort des Dichters wurde im Schauspieler die Keimzelle eines neuen Geschöpfs.

Und dann flohen sie gemeinsam vor den Banalitäten des Alltags.

hypertroph: überspannt

Altman, Georg: Ludwig Devrient. Leben und Werke eines Schauspielers. Berlin: Ullstein 1926, S. 247 f.

Julius Eduard Hitzig: Aus Hoffmanns Leben und Nachlaß (1822/23)   5

Hoffmanns letzter Geburtstag, der 24te Januar 1822, war
von den bedeutendsten Auspizien für ihn begleitet. Was

Auspizien:
Vorzeichen,
Vorausdeutungen

seit den Jünglings-Jahren nicht der Fall gewesen; er konnte
ihn mit seinem ältesten Freunde Hippel, der noch in Berlin
verweilte, feiern, und von seinen späteren liebsten Freun-   10
den fehlte auch kein einziger als Contessa, der sich auf
dem Lande befand. Aber schon hatte die sich entwickelnde
Krankheit ihm die Flügel gelähmt. Er trank Selterser Wasser, während er seiner Gesellschaft die köstlichsten Weine
vorgesetzt, und wenn er sonst bei solchen Gelegenheiten   15
mit der unermüdlichen Beweglichkeit den Tisch umkreiste, um einzuschenken und die Unterhaltung anzufachen,
wo sie stockte, so saß er heute den ganzen Abend in seinen
Lehnstuhl gefesselt.

Nach Tische nahm die Unterhaltung zwischen Hippel und   20
Hoffmann eine Wendung, die, wie sie Erinnerungen aus ihrer Jugendzeit herbeirief, auch des Todes und Sterbens er-
wähnen ließ. Der Herausgeber [Hitzig], mit unter den Ge-
ladenen, warf, vielleicht ihm selbst unbewußt, ein Wort
dazwischen, dessen Sinn ungefähr das bekannte: »das Le-   25
ben ist der Güter höchstes nicht«, war; aber Hoffmann
fuhr ihm mit einer Heftigkeit, die so den ganzen Abend
nicht zum Ausbruch gekommen war, entgegen: »Nein,
nein, leben, leben, nur leben – unter welcher Bedingung es
auch seyn möge!« – Es lag etwas Entsetzliches in der Art,   30
wie er diese Worte herausstieß, und sein Wunsch ist später
auf eine furchtbare Weise in Erfüllung gegangen.

Denn er lebte zwar von da ab wirklich noch fünf Monate; –
aber unter welchen Bedingungen!

In: E. T. A. Hoffmann in Aufzeichnungen seiner Freunde und Bekannten.
Eine Sammlung von Friedrich Schnapp. München: Winkler 1974, S. 622 f.

Julius Eduard Hitzig: Aus Hoffmanns Leben und Nachlaß
(1822/23)

Mit jedem Tage, möchte man sagen, versagte ein oder das
andere Glied seines Körpers mehr und mehr den Dienst;
5 Füße und Hände, Folge der sich ausbildenden Rücken-
marksdarre *(tabes dorsalis),* starben ganz ab, eben so einzelne Theile des innern Organismus, und den Tag vor seinem Tode, wo die Lähmung bis hinauf an den Hals getreten
war, glaubte er sich völlig genesen, weil er nirgend Schmerz
10 mehr fühlte.

Rückenmarks-
darre:
historische
Bezeichnung für
eine mit
Lähmungs-
erscheinungen
verbundene
Erkrankung des
Rückenmarks

In diesem über allen Begriff jammervollen Zustande, der
jedem, der ihn sah, durch die Seele ging, verläugneten sich
bei ihm keinen Augenblick die höchste Liebe zu dem Leben, der unerschütterliche Glaube, daß es ihn nicht lassen
15 könne, und eine in Vergleichung mit seinen gesunden Tagen fast noch gesteigerte Heiterkeit, ja großentheils Ausge-
lassenheit. Der ernste Richter, der es ihm zum Verbrechen
machen mag, daß er über manche Staats-Einrichtungen
oder ähnliche Gegenstände seinem Scherz freien Lauf ge-
20 lassen, hätte nur einmal Zeuge seyn sollen, welch' eine un-
erschöpfliche Quelle der launigsten Einfälle er sich selbst
in seiner Hülflosigkeit wurde. [...]

Einen noch merkwürdigeren Beweis seiner nicht zu er-
schöpfenden Seelenstärke mögen aber folgende Umstände
25 geben.

Etwa vier Wochen vor seinem Tode wurde der entsetzliche
Versuch gemacht, ob nicht durch das Brennen mit dem
glühenden Eisen an beiden Seiten des Rückgrats herunter
die Lebenskraft wieder zu erwecken wäre. Hitzig, durch
30 unabwendbare Geschäfte verhindert, der Operation beizu-
wohnen, eilte nach deren Beendigung voller Angst zu dem
Patienten, und kam etwa eine halbe Stunde nachher an.
»Riechen Sie nicht noch den Braten-Geruch?«, rief ihm
Hoffmann entgegen, erzählte mit der umständlichsten Ge-
35 nauigkeit die fürchterliche Procedur, fand es ganz natür-

lich, daß bei einem so exotischen Subjecte wie er, die Ärzte auch die exotischesten Mittel versuchten [...]

Ebd., S. 658–660

Märchen anderer Art

Georg Büchner (1813–1837): Das Märchen der Großmutter (aus Woyzeck) 5

Kommt, ihr kleinen Krabben! – Es war einmal ein arm Kind und hatt' kei Vater und kei Mutter, war Alles tot, und war niemand mehr auf der Welt. Alles tot, und es ist hingangen und hat greint Tag und Nacht. Und weil auf der Erd Niemand mehr war, wollt's in Himmel gehn, und der Mond 10 guckt es so freundlich an; und wie's endlich zum Mond kam, war's ein Stück faul Holz. Und da ist es zur Sonn gangen, und wie es zur Sonn kam, war's ein verreckt Sonneblum. Und wie's zu den Sterne kam, waren's klei golde Mück, die waren angesteckt, wie der Neuntöter sie auf die 15 Schlehe steckt. Und wie's wieder auf die Erd wollt, war die Erd ein umgestürzter Hafen und war ganz allein und da hat sich's hingesetzt und geweint, und da sitzt es noch und ist ganz allein.

Hafen:
hier Nachttopf

Büchner, Georg: Woyzeck. In: Ders.: Werke und Briefe. Neue kommentierte Gesamtausgabe nach der historisch-kritischen Ausgabe von Werner R. Lehmann. Kommentiert von Karl Pörnbacher. München, Wien: Hanser 1980, S. 176

Wolf Biermann: Das Märchen vom kleinen Herrn Moritz, der 20
eine Glatze kriegte (1972)

Es war einmal ein kleiner älterer Herr, der hieß Herr Moritz und hatte sehr große Schuhe und einen schwarzen Mantel dazu und einen langen schwarzen Regenschirmstock und damit ging er oft spazieren. 25

Als nun der lange Winter kam, der längste Winter auf der Welt in Berlin, da wurden die Menschen allmählich böse.

Die Autofahrer *schimpften,* weil die Straßen so glatt waren, daß die Autos ausrutschten. Die Verkehrspolizisten

schimpften, weil sie immer auf der kalten Straße rumstehen mußten. Die Verkäuferinnen *schimpften,* weil ihre Verkaufsläden so kalt waren. Die Männer von der Müllabfuhr *schimpften,* weil der Schnee gar nicht alle wurde. Der
5 Milchmann *schimpfte,* weil ihm die Milch in den Milchkannen zu Eis gefror. Die Kinder *schimpften,* weil ihnen die Ohren ganz rot gefroren waren, und die Hunde bellten vor Wut über die Kälte schon gar nicht mehr, sondern zitterten nur noch und klapperten mit den Zähnen vor Kälte,
10 und das sah auch sehr böse aus.

An einem solchen kalten Schneetag ging Herr Moritz mit seinem blauen Hut spazieren, und er dachte:»Wie böse die Menschen alle sind, es wird höchste Zeit, daß wieder Sommer wird und Blumen wachsen.«
15 Und als er so durch die schimpfenden Leute in der Markthalle ging, wuchsen ganz schnell und ganz viel Krokusse, Tulpen und Maiglöckchen und Rosen und Nelken, auch Löwenzahn und Margeriten. Er merkte es aber erst gar nicht, und dabei war schon längst sein Hut vom Kopf
20 hochgegangen, weil die Blumen immer mehr wurden und auch immer länger.

Da blieb vor ihm eine Frau stehn und sagte:»Oh, Ihnen wachsen aber schöne Blumen auf dem Kopf!«

»Mir Blumen auf dem Kopf!«, sagte Herr Moritz, »so was
25 gibt es gar nicht!«

»Doch! Schauen Sie hier in das Schaufenster, Sie können sich darin spiegeln. Darf ich eine Blume abpflücken?«

Und Herr Moritz sah im Schaufensterspiegelbild, daß wirklich Blumen auf seinem Kopf wuchsen, bunte und große,
30 vielerlei Art, und er sagte:»Aber bitte, wenn Sie eine wollen ...«

»Ich möchte gerne eine kleine Rose«, sagte die Frau und pflückte sich eine.

»Und ich eine Nelke für meinen Bruder«, sagte ein kleines
35 Mädchen, und Herr Moritz bückte sich, damit das Mädchen ihm auf den Kopf langen konnte. Er brauchte sich

aber nicht so sehr tief zu bücken, denn er war etwas kleiner als andere Männer. Und viele Leute kamen und brachen sich Blumen vom Kopf des kleinen Herrn Moritz, und es tat ihm nicht weh, und die Blumen wuchsen immer gleich nach, und es kribbelte so schön am Kopf, als ob ihn jemand 5 freundlich streichelte, und Herr Moritz war froh, daß er den Leuten mitten im kalten Winter Blumen geben konnte. Immer mehr Menschen kamen zusammen und lachten und wunderten sich und brachen sich Blumen vom Kopf des kleinen Herrn Moritz, und keiner, der eine Blume er- 10 wischt hatte, sagte an diesem Tag noch ein böses Wort.

Aber da kam auf einmal auch der Polizist Max Kunkel. Max Kunkel war schon seit zehn Jahren in der Markthalle als Markthallenpolizist tätig, aber so was hatte er noch nicht gesehn! Mann mit Blumen auf dem Kopf! Er drängelte sich 15 durch die vielen lauten Menschen, und als er vor dem kleinen Herrn Moritz stand, schrie er: »Wo gibt's denn so was! Blumen auf dem Kopf, mein Herr! Zeigen Sie doch mal bitte sofort Ihren Personalausweis!«

Und der kleine Herr Moritz suchte und suchte und sagte 20 verzweifelt: »Ich habe ihn doch immer bei mir gehabt, ich hab ihn doch in der Tasche gehabt!«

Und je mehr er suchte, um so mehr verschwanden die Blumen auf seinem Kopf.

»Aha«, sagte der Polizist Max Kunkel, »Blumen auf dem 25 Kopf haben Sie, aber keinen Ausweis in der Tasche!«

Und Herr Moritz suchte immer ängstlicher seinen Ausweis und war ganz rot vor Verlegenheit, und je mehr er suchte – auch im Jackenfutter –, um so mehr schrumpften die Blumen zusammen, und der Hut ging allmählich wieder run- 30 ter auf den Kopf! In seiner Verzweiflung nahm Herr Moritz seinen Hut ab, und siehe da, unter dem Hut lag in der abgegriffenen Gummihülle der Personalausweis. Aber was noch!? Die Haare waren alle weg! Kein Haar mehr auf dem Kopf hatte der kleine Herr Moritz. Er strich sich verlegen 35

über den kahlen Kopf und setzte dann schnell den Hut
drauf.

»Na, da ist ja der Ausweis«, sagte der Polizist Max Kunkel
freundlich, »und Blumen haben Sie ja wohl auch nicht
5 mehr auf dem Kopf, wie?!«

»Nein ...«, sagte Herr Moritz und steckte schnell seinen
Ausweis ein und lief, so schnell man auf den glatten Straßen laufen konnte, nach Hause. Dort stand er lange vor
dem Spiegel und sagte zu sich: »Jetzt hast du eine Glatze,
10 Herr Moritz!«

Biermann, Wolf: Das Märchen vom kleinen Herrn Moritz.
München: Parabel 1972

Ödön von Horvath: Das Märchen in unserer Zeit
(um 1936/37)
In unserer Zeit lebte mal ein kleines Mädchen, das zog aus,
um das Märchen zu suchen. Denn es hörte überall, daß
15 das Märchen verloren gegangen sei. Ja, einzelne sagten sogar, das Märchen wäre schon längst tot. Wahrscheinlich
liege es irgendwo verscharrt, vielleicht in irgendeinem
Massengrab.

Aber das kleine Mädchen ließ sich nicht beirren. Sie konn-
20 te es nicht glauben, daß es kein Märchen mehr gibt. Sie
ging also in den Wald und fragte die Bäume, aber die Bäume murrten nur. Die Elfen der Wiesen sind längst fortgezo-
gen, die Zwerge aus den Höhlen, die Hexe aus der Schlucht.
Und sie fragte die Vögel, aber die sagten: »Die Menschen
25 fliegen schneller wie wir, höher wie wir – kiwitt, kiwitt, es
gibt kein Märchen mehr!«

Und die Rehe sagten, lächerlich, und die Hasen lachten,
und der Hirsch gab überhaupt keine Antwort. Es war ihm
einfach zu dumm.

30 Und die Kühe sagten, es wäre ihnen zu blöd, und sagten,
man dürfe sowas vor den Kälbern gar nicht sagen. Sie sollten so dumme, zwecklose Fragen gar nicht hören, sie sollten darauf vorbereitet werden, daß sie geschlachtet wür-

den, kastriert oder Milchspender würden. Ja, selbst wenn
einer als Stier durchkomme, so sei das auch kein Märchen.
Man müsse die Kälber aufklären.

Auf der Straße stand ein altes Pferd, das sollte zum
Schlachter geführt werden. Es hatte ausgedient. Der Metz- 5
ger saß im Wirtshaus und trank.

»Es wirds auch nicht wissen«, dachte das Mädchen, »aber
ich will es fragen, denn es ist ein altes Pferd und weiß si-
cher viel.« Und sie fragte das Pferd.

Das Pferd sah das Mädchen an, verzog etwas seine Nüstern 10
und stampfte dann mit den Hufen. »Du suchst das Märchen?«, fragte es.

»Dann verstehe ich es nicht«, sagte das Pferd, »warum du
es noch suchst? Denn das allein ist doch schon ein Märchen!« Und es blinzelte das Mädchen an. »Hm. Mir scheint 15
gar, du bist es selber, das Märchen. Du suchst dich selber.
Jaja, je näher ich dich betrachte, desto mehr merke ich es:
du bist das Märchen. Komm, erzähl mir was!«

Das kleine Mädchen geriet in große Verlegenheit. Aber
dann fing es an zu erzählen. Es erzählte von einem jungen 20
Pferde, das so schön war und alle Preise beim Rennen gewann. Und von einem Pferde auf dem Grabe seines Herrn.
Und von wilden Pferden, die frei leben.

Und da weinte das alte Pferd und sagte: »Hab Dank! Jaja,
du bist das Märchen, ich wußte es ja schon!« 25

Der Metzger kam und es wurde geschlachtet.

Am Sonntag gab es bei den Eltern Pferdefleisch, denn sie
waren sehr arm.

Aber das kleine Mädchen rührte nichts an. Es dachte an
das alte Pferd, wie es weinte. 30

»Sie ißt kein Pferdefleisch«, sagte die Mutter, »dann iß gar
nichts.«

»Sie ist eine Prinzessin«, sagten die Geschwister.

Und das kleine Mädchen aß gar nichts.

Aber es blieb nicht hungrig. 35

Es dachte an das alte Pferd und wie es weinte, und wurde satt.

Ja, es war ein Märchen!

Horvath, Ödön von: Gesammelte Werke. Bd. 5. Lyrik, Prosa, Romane I. Frankfurt a. M.: Suhrkamp 1972, S. 123 f.